공인중개사

포인트 한손 쏙! 노트

1차 민법 및 민사특별법

해커스 공인중개사
포인트 **한손 쏙! 노트**가 특별한 이유!

작고 가벼워 한손에 **쏙!** 들고 다니면서 공부할 수 있으니까!

핵심 키워드만 **쏙!** 외울 수 있으니까!

본문에 색으로 강조된 중요 내용

QR코드를 찍으면 자투리 시간에도 실력을 **쏙!** 올릴 수 있으니까!

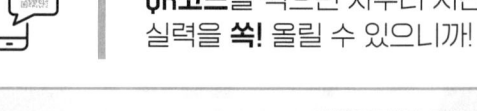

무료강의 및 기출OX
바로가기 ▶

목차

목차

PART 01

민법총칙

▶ 무료강의 및 기출OX

★★ 초등 5학년 4~5월 기출

★ 초등 5학년 2~3월 기출

POINT 01 반사회적 법률행위

01 효과

① 반사회적 법률행위는 절대적·확정적 무효이다.
② 이미 이행한 경우, 불법원인급여가 적용되어 반환을 청구할 수 없다.

02 반사회적 법률행위에 해당하는 경우

① 이중매매에서의 적극가담
② 첩관계 종료를 해제조건으로 하는 증여
③ 사고를 가장하여 보험금을 취할 목적으로 한 보험계약
④ 어떤 일이 있어도 이혼하지 않기로 하는 약정
⑤ 과도하게 중한 위약벌 약정
⑥ 도박자금에 제공할 목적으로 금전을 대여하는 행위
⑦ 소송에서의 증언을 조건으로 통상 용인되는 수준을 넘는 대가를 받기로 한 약정
⑧ 허위진술을 하고 대가를 제공받기로 하는 약정
⑨ 공무원에게 청탁을 하고 금전지급을 약정

03 반사회적 법률행위에 해당하지 않는 경우

① 관계 당사자 전원의 합의로 이루어진 중간생략등기

② 비자금을 소극적으로 은닉한 행위

③ 민사소송의 승소 대가로 성공보수를 받기로 한 약정

④ 강박이라는 불법이 사용된 법률행위

⑤ 강제집행을 면할 목적으로 허위의 근저당권을 설정한 행위

⑥ 양도소득세를 회피할 목적으로 실제로 거래한 매매대금보다 낮은 금액으로 매매계약을 체결한 행위

⑦ 무허가건물의 임대행위

⑧ 도박채무의 변제를 위하여 채권자에게 대리권을 수여한 행위

POINT 02 이중매매

01 유효인 경우의 법률관계

① 丙은 선의·악의를 불문하고 소유권을 취득한다.

② 乙은 매매계약을 최고 없이 해제하고 손해배상을 청구할 수 있다.

02 무효인 경우의 법률관계

① 丙이 적극가담한 경우, 이중매매는 무효가 된다.

② 乙은 甲을 대위하여 소유권이전등기의 말소를 청구할 수 있다.

③ 乙은 채권자취소권을 행사할 수 없다.

④ 乙은 丙에게 직접 손해배상을 청구할 수 있다.

⑤ 丙으로부터 전득한 제3자는 선의이더라도 소유권을 취득하지 못한다.

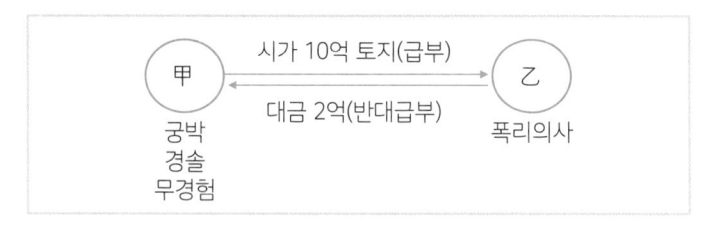

<u>01</u> **객관요건** - 토지와 대금의 현저한 불균형

<u>02</u> **주관요건** - 甲의 궁박 · 경솔 · 무경험, 乙의 폭리의사

① 궁박 · 경솔 · 무경험 중 하나만 있으면 족하다.

② 궁박은 경제적 · 정신적 · 심리적인 것을 다 포함한다.

③ 무경험은 일반적인 생활경험의 부족을 의미한다.

④ 경솔과 무경험은 대리인을 기준으로, 궁박은 본인을 기준으로 판단하여야 한다.

⑤ 현저한 불균형이 있다하여 그것이 궁박. 경솔 또는 무경험으로 이루어진 것으로 추정되지 않는다.

⑥ 甲이 모든 요건을 주장 · 입증해야 한다.

03 효과

① 절대적·확정적 무효이다.

② 불법원인급여가 적용된다. 이 경우, 乙은 반환을 청구할 수 없으나, 甲은 반환을 청구할 수 있다.

③ 추인에 의하여 유효로 될 수 없다. 그러나, 무효행위의 전환의 법리가 적용될 수 있다.

04 적용범위

① 무상행위(증여)에는 적용되지 않는다.

② 경매에는 적용되지 않는다.

③ 단독행위에는 불공정한 법률행위가 적용될 수 있다.

POINT 04 법률행위의 해석

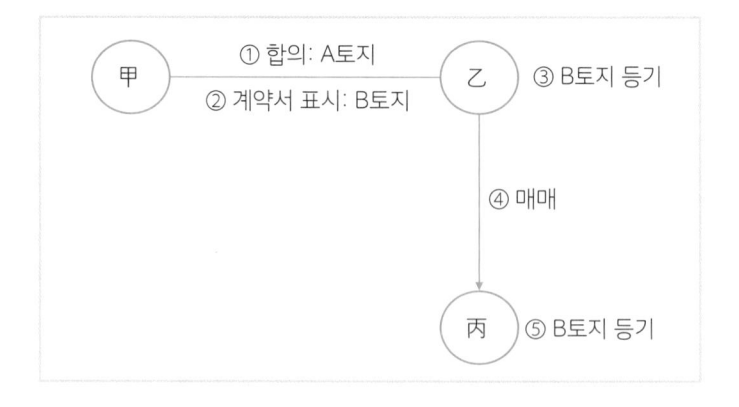

① 甲와 乙의 의사가 일치하므로, 자연석 해석방법이 적용된다.

② 따라서 위 사례의 경우, A토지에 관하여 매매계약이 성립한다.

③ 자연적 해석에 따라 표의자의 의도대로 계약이 성립하였으므로 착오를 이유로 취소할 수 없다.

④ A토지에 대하여는 매매는 있으나 등기가 없고, B토지에 대하여는 등기는 있으나 매매가 없으므로 물권변동은 A토지와 B토지 모두 일어나지 않는다.

⑤ B토지에 대한 매수인 乙 명의의 소유권이전등기는 원인 없이 경료된 것으로서 무효이다. 따라서 丙은 선의이더라도 토지소유권을 취득하지 못한다.

POINT 05 비진의표시

01 개념 및 효과

① **개념**: 비진의표시는 의사와 표시의 불일치를 표의자가 알고서 하는 것이다.

② **원칙 - 유효**: 상대방이 선의·무과실인 경우, 표시된 대로 효력이 발생한다.

③ **예외 - 무효**: 상대방이 비진의표시를 알았거나 알 수 있었을 경우에는 무효이다.

④ 상대방의 악의·과실에 대한 입증책임은 무효를 주장하는 자(표의자)에게 있다.

⑤ 비진의표시가 무효로 된 경우, 선의의 제3자에게 대항하지 못한다 (상대적 무효).

02 관련 판례

① 진의란 표의자의 생각이지, 표의자가 진정 마음속에서 바라는 사항이 아니다.

② 비록 재산을 강제로 뺏긴다는 것이 표의자의 본심이라 하여도, 표의자가 강박에 의하여서나마 증여를 하기로 하고 표시를 한 이상, 진의에 해당한다.

③ 대출절차상 명의를 빌려준 자는 채무부담의사가 있으므로 진의에 해당한다.

03 적용범위

① 비진의표시는 상대방 없는 단독행위에도 적용된다. 이 경우 항상 표시된 대로 효력이 발생한다.

② 공법행위에는 적용되지 않으므로, 공법상의 비진의표시는 표시된 대로 효력이 발생한다. 따라서, 공무원의 거짓사직의 의사표시는 표시된 대로 유효하다.

POINT 06 통정허위표시

01 통정허위표시

① **개념**: 통정허위표시는 의사와 표시의 불일치에 관하여 상대방과 합의가 있는 것이다.
② 甲과 乙의 매매는 통정허위표시로서 언제나 무효이다.
③ 甲은 乙을 상대로 부당이득반환청구를 할 수 있다.
④ 丙이 선의라면 유효하게 위 부동산의 소유권을 취득하며, 무과실은 요하지 않는다.
⑤ 丙은 선의로 추정되므로 무효를 주장하는 甲에게 丙이 악의라는 사실의 입증책임이 있다.
⑥ **엄폐물법칙**: 선의인 丙으로부터 전득한 丁은 선의·악의를 불문하고 부동산의 소유권을 취득한다.
⑦ A는 금전채권자이므로 가장매매에 대하여 채권자취소권을 행사할 수 있다.

02 은닉행위

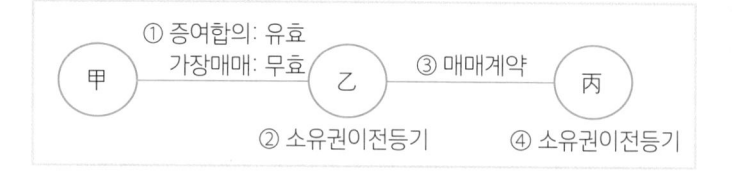

① 매매계약은 통정허위표시로서 무효이지만, 증여계약은 유효이다.

② 증여계약이 유효하므로 乙 명의의 소유권이전등기는 효력이 있다.

③ 따라서 乙로부터 매수하고 소유권이전등기를 경료한 丙은 선의·악의를 불문하고 소유권을 취득한다.

03 제3자

① **개념**: 보호받는 제3자는 통정허위표시의 외형을 믿고 새롭게 이해관계를 맺은 자를 말한다.

② 보호받는 제3자

 ㉠ 가장양수인으로부터 저당권을 설정받은 자

 ㉡ 가장양수인으로부터 소유권이전등기청구권 보전을 위한 가등기를 경료받은 자

 ㉢ 가장전세권자의 전세권부채권을 가압류한 자

  ② 파산관재인
   • 파산선고를 받은 가장채권자의 파산관재인은 제3자에 해당
    한다.
   • 다만, 선의 · 악의는 총파산채권자를 기준으로 판단하여 파산
    채권자 모두가 악의로 되지 않는 한 파산관재인은 선의의 제
    3자로 다루어진다.
 ③ 보호받지 못하는 제3자
  ㉠ 가장양수인의 포괄승계인(상속인)
  ㉡ 가장양수인의 일반채권자(목적물 압류 전)
  ㉢ 대리인이 상대방과 허위표시를 한 경우의 본인
  ㉣ 제3자를 위한 계약에 있어서의 제3자(수익자)

POINT 07 착오 ★

01 동기의 착오

① 동기가 상대방에게 표시되거나, 상대방으로부터 유발된 경우, 취소할 수 있다.

② 위 경우, 동기를 의사표시의 내용으로 삼기로 하는 합의까지 이루어질 필요는 없다.

02 착오취소의 요건

① 중요부분의 착오(경제적 불이익)

- 중요부분의 착오에 대한 입증책임은 착오자에게 있다(표의자, 법률행위의 효력을 부인하는 자).
- 토지의 현황·경계, 채무자의 동일성, 목적물의 동일성은 중요부분의 착오에 해당한다.
- 시가, 근소한 지분·면적의 차이는 중요부분의 착오에 해당하지 않는다.
- 주채무자 소유의 부동산에 가압류등기가 없다고 믿고 보증하였더라도, 그 가압류가 원인무효로 밝혀졌다면 이는 경제적인 불이익을 입은 것이 아니기 때문에 중요부분의 착오가 될 수 없다.

② 표의자(착오자)에게 중대한 과실이 없을 것

- 중대한 과실에 대한 입증책임은 상대방에게 있다(법률행위의 효력을 주장하는 자).
- 공인중개사를 통하지 않고 매매를 한 경우, 토지대장을 확인하지 않은 매수인은 착오를 이유로 취소할 수 없다.
- 표의자에게 중과실이 있다고 하여도 상대방이 이를 알면서 이용한 경우에는, 표의자가 의사표시를 취소할 수 있다.

03 효과 및 경합문제

① 착오를 규정한 제109조는 임의규정이다.
② 착오취소로 인하여 손해를 입었더라도 상대방은 불법행위를 이유로 손해배상을 청구할 수 없다.
③ 하자담보책임이 성립하더라도 착오를 이유로 한 취소권은 배제되지 않는다.
④ 매도인이 매매계약을 적법하게 해제한 후라도 매수인은 착오를 이유로 취소할 수 있다.

POINT 08 하자있는 의사표시[사기 · 강박]

01 기망의 위법성

① 기망은 허위사실을 고지하는 것이다.

② 상가건물 분양시 다소의 과장이 수반된 경우, 사기를 이유로 취소할 수 없다(위법성이 없는 것이므로).

③ 교환계약에서 목적물의 시가를 묵비하거나 높은 가액을 시가라고 고지하였다 하더라도 위법성이 없다.

④ 아파트분양자가 단지 인근에 공동묘지가 있다는 사실을 분양계약자에게 고지하지 않은 경우, 부작위에 의한 기망행위에 해당한다.

02 강박의 위법성

① 강박은 구체적인 해악을 고지하는 것이다. 따라서, 단지 각서에 서명날인할 것을 강력히 요구한 행위는 위법한 강박행위가 아니다.

② 부정행위에 대한 고소 · 고발은 위법성이 없으나, 부정한 이익의 취득을 목적으로 하는 경우에는 강박행위의 위법성이 인정된다.

③ 강박의 정도가 심각하여 의사결정의 자유를 완전히 박탈하는 경우는 무효이다.

03 제3자의 사기 · 강박

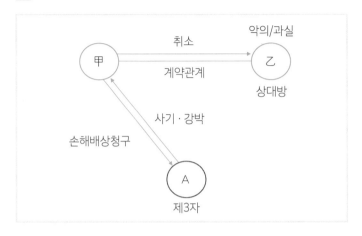

① 상대방이 제3자의 사기 · 강박을 알았거나 알 수 있었을 때에 한하여 취소할 수 있다.

② 제3자의 사기 · 강박으로 인하여 계약을 체결한 자는 제3자에게 불법행위로 인한 손해배상을 청구하기 위해서 반드시 계약을 취소할 필요는 없다.

③ 상대방의 대리인이 사기나 강박을 한 경우에는 대리인은 상대방과 동일시되므로 표의자는 상대방이 그 대리인의 사기 · 강박 사실을 알았는지 여부와 상관없이 의사표시를 취소할 수 있다.

POINT 09 대리제도(대리권 · 대리행위)

01 대리권의 발생원인

① 법정대리권은 법률의 규정에 의하여 발생한다.
② 임의대리권은 수권행위에 의하여 발생한다.
- 수권행위는 상대방 있는 단독행위에 해당한다.
- 수권행위는 불요식행위에 해당한다.

02 대리권의 범위

① 보존행위: 미등기 부동산의 보존등기, 채권의 소멸시효 중단
② 이용 · 개량행위: 임대차, 무이자 소비대차를 이자부로 전환
③ 매매계약을 체결할 권한이 있는 대리인은 대금 수령권한이 있고, 대금지급기일을 연기하여 줄 권한도 가진다.
④ 대리인이 대여금 채무의 일부를 면제하기 위해서는 본인의 특별수권이 필요하다.
⑤ 담보권설정계약을 체결할 권한을 수여받은 대리인에게 본래의 계약관계를 해제할 대리권까지 있다고 볼 수 없다.

03 대리권의 제한

① 대리인이 수인인 때에는 각자대리가 원칙이고, 예외적으로 공동대리도 가능하다.

② 대리인의 자기계약, 쌍방대리는 금지된다. 그러나 본인의 허락이 있거나 다툼 없는 채무의 이행은 할 수 있다.

③ 따라서 대리인에 대한 본인의 금전채무가 기한이 도래한 경우, 대리인은 본인의 허락 없이 그 채무를 변제할 수 있다.

04 대리권의 남용(비진의표시 유추적용)

① 대리권의 범위 내에서 대리행위를 하였지만, 대리인 자신 또는 제3자의 이익을 위해서 대리행위를 하는 것을 말한다.

② 대리권의 남용은 원칙적으로 유효이다. 다만, 상대방이 대리행위 시에 대리권 남용행위를 알았거나 알 수 있었을 경우에는 비진의표시 규정 단서를 유추적용하여 무효로 된다.

③ 상대방의 악의, 과실에 대한 입증책임은 본인에게 있다.

05 대리권의 소멸 암기 TIP 사사성파

① **임의대리 · 법정대리 공통 소멸사유:** 본인의 사망, 대리인의 사망 · 성년후견 개시 · 파산

② **임의대리 특유의 소멸사유:** 수권행위의 철회, 원인된 법률관계의 종료

---

06 현명주의

① **현명을 한 경우:** 대리인이 본인을 위한 것임을 표시한 의사표시는 본인에게 효력이 생긴다.

② **현명을 하지 않은 경우**
  - 대리인이 본인을 위한 것임을 표시하지 않은 경우, 의사표시는 자기를 위한 것으로 본다.
  - 그러나 상대방이 대리인으로서 한 것임을 알았거나 알 수 있었을 때에는 직접 본인에게 효력이 생긴다.

③ 매매위임장을 제시하고 매매계약을 체결하는 자는 소유자를 대리하여 매매행위를 하는 것이라고 보아야 한다.

---

07 대리행위의 하자

① **원칙 - 대리인 표준:** 대리행위의 하자는 대리인을 표준으로 결정한다.

② **예외 - 본인 표준:** 대리인이 본인의 지시에 좇아 행위를 한 때에는 대리행위의 하자는 본인을 표준으로 결정한다.

---

08 대리인의 능력

① 대리인의 의사능력은 요하나, 행위능력은 요하지 않는다.

② 따라서 제한능력자도 대리인이 될 수 있으며, 제한능력자가 대리인으로 대리행위를 한 경우, 제한능력을 이유로 그의 대리행위를 취소하지 못한다.

09 대리효과

① 대리인이 대리행위를 하고 그 효력은 본인에게 생긴다.

② 따라서 대리행위로 인한 이행청구권 · 취소권 · 해제권 · 부당이득 반환 · 원상회복 등의 법률효과는 본인에게 귀속한다.

POINT 10 복대리 ★★

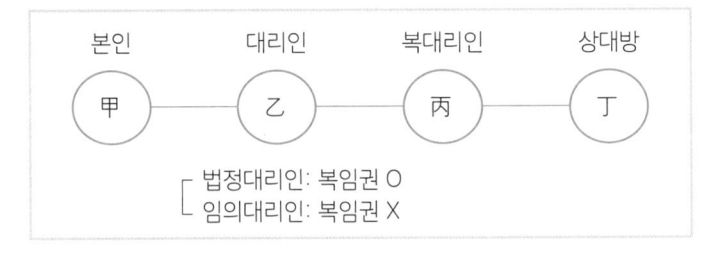

본인   대리인   복대리인   상대방

甲 ——— 乙 ——— 丙 ——— 丁

┌ 법정대리인: 복임권 O
└ 임의대리인: 복임권 X

01 성질

① 복대리인은 대리인의 이름으로 선임한 본인의 대리인이다.

② 복임행위
- 복대리인을 선임하는 행위를 의미한다.
- 복임행위는 수권행위일 뿐, 대리행위가 아니다.

③ 복대리인은 언제나 임의대리인이다.

④ 복대리인은 본인의 이름으로 법률행위를 한다.

⑤ 복대리인을 선임해도 대리권은 소멸하지 않는다.

⑥ 대리권이 소멸하면 복대리권도 소멸한다.

02 복임권과 책임범위

① 임의대리인의 복임권과 책임

- **원칙**: 임의대리인은 복임권이 없다.
- **예외**: 본인의 승낙이 있거나 부득이한 사유가 있는 때에 한하여 복임권이 인정된다.
- **책임**: 복대리인의 행위에 대하여 선임·감독상 책임을 진다.
- **경감**: 본인의 지명에 의하여 복대리인을 선임한 경우에는 부적임 또는 불성실함을 알고 본인에게 통지나 그 해임을 태만히 한 경우 책임을 진다.

② 법정대리인의 복임권과 책임

- 법정대리인은 언제나 복대리인을 선임할 수 있다.
- **책임**: 무과실책임이 원칙이다.
- **경감**: 부득이한 사유로 복대리인을 선임한 경우, 선임·감독상 책임을 진다.

구분	임의대리인	법정대리인
무과실 책임	–	원칙
선임·감독 책임	원칙	부득이한 사유
태만 책임	본인의 지명	–

POINT 11 협의의 무권대리 ★★

본인 甲 ② 추인 → 무권대리인 乙 ① 유동적 무효 ③ 유효(소급) 상대방 丙

01 본인의 추인권

① **효력:** 무권대리행위는 유동적 무효인데, 본인이 추인을 하면 계약 시로 소급하여 효력이 생긴다.

② 상대방

- 추인의 의사표시는 상대방, 무권대리인, 승계인에 대해서도 할 수 있다.
- 무권대리인에게 한 추인은 상대방이 그 사실을 모르면 상대방에 게 추인효과를 주장하지 못한다.

③ **시기:** 상대방이 철회하기 전까지 할 수 있다.

④ **일부추인·변경을 가한 추인:** 상대방의 동의를 얻어야 효력이 있다.

⑤ 묵시적 추인

- 무권대리인으로부터 매매대금을 본인이 수령한 경우는 묵시적 추인으로 볼 수 있다.
- 본인이 무권대리행위의 사실을 알고도 장기간 방치했다고 해서 추인한 것으로 볼 수는 없다.

02 본인의 추인거절권

① 추인거절권을 행사하면 무권대리행위는 무효인 것으로 확정된다.
② 무권대리행위를 통하여 상대방에게 소유권이전등기가 된 경우, 본인이 무권대리를 이유로 그 등기의 말소를 청구하는 때에는 본인이 무권대리에 대한 입증책임을 진다(대판 2017.6.29, 2017다213838).

03 상대방의 최고권

① 선의·악의를 불문하고 인정된다.
② 상대방은 상당한 기간을 정하여 본인에게 추인여부의 확답을 최고할 수 있다.
③ 본인이 그 기간 내에 확답을 발신하지 않은 때에는 추인을 거절한 것으로 본다.

04 상대방의 철회권

① 선의의 상대방이 행사가능하며, 본인의 추인이 있기 전까지 할 수 있다.
② 철회권을 행사하면 무권대리행위는 무효인 것으로 확정된다.

05 무권대리인이 본인의 지위를 단독상속 받은 경우

① 무권대리인은 본인의 지위에서 추인거절권을 행사할 수 없다.

② 무권대리인은 상대방에게 등기의 말소를 청구할 수 없다.

③ 무권대리인은 상대방에게 그 부동산의 점유로 인한 부당이득반환을 청구할 수 없다.

④ 상대방 명의의 등기는 실체적 권리관계에 부합하므로 유효가 된다.

06 무권대리인의 책임

① 상대방의 선택에 따라, 무권대리인은 계약의 이행 또는 손해배상 책임을 부담한다.

② 상대방이 무권대리행위 당시 대리권 없음을 알았거나 알 수 있었을 경우에는 책임을 묻지 못한다.

③ 제한능력자는 무권대리인의 책임을 지지 않는다.

④ 표현대리가 성립하는 경우에는 무권대리인은 책임을 지지 않는다.

⑤ **무과실책임**: 무권대리행위가 제3자의 기망으로 야기된 경우에도 무권대리인은 상대방에게 책임을 져야 한다.

POINT 12 표현대리(表見代理)

01 특징

① 표현대리란 상대방이 주장하는 것이며, 무권대리행위에 대하여 본인에게 책임을 묻는 제도이다.

② 무권대리 소속

- 표현대리는 무권대리에 해당한다.
- 유권대리에 관한 주장 속에 표현대리의 주장이 포함되어 있다고 볼 수 없다.

③ 표현대리가 성립하면 본인이 전적인 책임을 지므로 과실상계를 통하여 책임을 감경할 수 없다.

④ 현명이 있어야 표현대리가 성립할 수 있다.

⑤ 대리행위가 강행법규에 위반하여 무효가 된 경우에는 표현대리가 적용되지 않는다.

02 종류

① 대리권수여표시에 의한 표현대리(제125조)

㉠ 상대방에 대하여 타인에게 대리권 수여함을 표시한 자는 그 대리권의 범위 내에서 행한 상대방과 타인의 법률행위에 대하여 책임이 있다.

㉡ 그러나 상대방이 대리권 없음을 알았거나 알 수 있었을 때에는 본인은 책임이 없다.

© ㉠의 경우, 타인이 통보받은 상대방 외의 자와 본인을 대리하여 행위를 한 때는 수여표시에 의한 표현대리가 적용되지 않는다.

㉣ 대리권수여표시는 반드시 대리인이라는 표현을 사용하지 않더라도 위임장을 교부하거나 대리권을 추단할 수 있는 명칭·직함 등으로도 가능하다.

㉤ 제125조는 임의대리에만 적용된다.

② 권한을 넘은 표현대리(제126조)

㉠ 대리인이 권한 외의 법률행위를 한 경우에 상대방이 권한이 있다고 믿을 만한 정당한 이유가 있는 때에는 본인은 그 행위에 대하여 책임이 있다.

㉡ **기본대리권에 해당하는 권한:** 임의대리권, 법정대리권, 복대리권, 공법상 대리권, 일상가사대리권, 표현대리권

㉢ 권한을 넘은 행위는 기본대리권과 동종·유사한 것일 필요는 없다.

㉣ 정당한 이유는 상대방의 선의·무과실을 의미하며 대리행위 당시를 기준으로 판단한다.

③ 대리권소멸 후의 표현대리(제129조)

㉠ 기본대리권이 존재하였다가 소멸한 경우에 성립한다.

㉡ 대리권소멸 후 복대리인을 선임하여 복대리인으로 하여금 대리행위를 하도록 한 경우에도 대리권소멸 후의 표현대리가 성립될 수 있다.

㉢ 대리권소멸 후의 표현대리가 인정되고 그 표현대리의 권한을 넘는 대리행위가 있는 경우, 권한을 넘은 표현대리가 성립할 수 있다.

POINT 13 토지거래허가구역(유동적 무효)

01 효력의 확정사유

① 확정무효사유
- 불허가처분
- 허가배제·잠탈 목적으로 계약체결
- 쌍방이 허가신청을 하지 않기로 의사표시를 명백히 한 경우

② 확정유효사유
- 허가를 받은 경우(소급유효)
- 허가구역지정의 해제
- 허가구역 기간만료 후 재지정하지 않은 경우

02 유동적 무효도 엄연히 '무효'이다.

① 계약당사자의 채권과 채무는 발생하지 않으며, 이행을 청구할 수 없다.

② 채무불이행도 성립할 수 없으니, 이를 원인으로 계약을 해제하거나 손해배상을 청구할 수 없다.

③ 토지거래허가가 있을 것을 조건으로 하여 소유권이전등기절차의 이행을 청구할 수도 없다.

03 허가신청절차 협력의무(부수적 의무)

① 허가신청절차 협력의무는 존재한다.

② 위 의무를 위반한 경우, 매매계약을 해제할 수 없다.

③ 위 의무를 위반한 경우, 손해배상을 청구할 수 있다.

④ 매수인의 대금지급의무와 매도인의 토지거래허가신청에 대한 협력의무는 동시이행관계가 아니다.

04 계약금

① 토지거래허가 여부와는 무관하게, 이행착수 전이라면 계약금을 통한 해제는 가능하다.

② 계약금의 부당이득반환청구

- **허가를 받기 전**: 반환청구할 수 없다.
- **확정무효가 된 경우**: 반환청구할 수 있다.

05 기타 효력

① 유동적 무효상태에서 비진의표시·통정허위표시 등의 무효주장이나, 착오·사기·강박을 이유로 한 취소권의 행사는 얼마든지 가능하다.

② 토지거래허가구역 내에서의 중간생략등기는 확정적 무효이다.

POINT 14 무효 ★★

01 개념

① 법률행위의 성립요건은 갖추었으나, 효력요건을 갖추지 못하여 효력이 없는 것을 무효라 한다.

② **주장권자 · 상대방**: 무효는 누구나, 누구에게나, 언제든지 주장할 수 있다.

02 절대적 무효와 상대적 무효

① 절대적 무효는 누구에게나 주장 가능한 무효이며, 추인하여도 유효로 될 수 없다.

② 상대적 무효는 선의의 제3자에게는 주장할 수 없는 무효이며, 추인하면 유효로 될 수 있다.

③ 상대적 무효에는 비진의표시, 통정허위표시가 있다.

03 일부무효와 전부무효

① **원칙**: 법률행위의 일부분이 무효인 때에는 전부를 무효로 한다.

② **예외**: 분할가능성과 가정적 의사가 있는 경우, 나머지 부분은 무효가 되지 않는다.

유동적 무효

① 무권대리행위

- 대리권 없는 자가 대리인으로 계약을 한 경우, 무권대리행위가 되며 유동적 무효이다.
- 위 경우, 본인은 추인권을 행사할 수 있고, 추인하면 무권대리행위는 소급하여 유효가 된다.

② 무권리자의 처분행위

- 처분의 권한이 없는 자가 서류를 조작하여 타인의 부동산을 처분한 경우, 무권리자의 처분행위가 되며 유동적 무효이다.
- 위 경우, 권리자는 추인권을 행사할 수 있고, 추인하면 무권리자의 처분행위는 소급하여 유효가 된다.

③ 토지거래허가구역

- 토지거래허가구역 내에서 계약을 한 경우, 허가를 받기 전에는 유동적 무효이다.
- 위 경우, 관할 관청으로부터 허가를 받으면 소급하여 유효가 된다.

05 무효행위의 추인(제139조)

① 상대적 무효를 추인하면, 새로운 법률행위를 한 것으로 본다.

② **효력**: 유효가 되는 시점은 추인한 때부터이다. 소급하지 않는다.

③ 요건

   • 무효의 원인이 소멸하여야 한다.

   • 당사자가 무효임을 알고 하여야 한다.

④ 상대적 무효는 추인으로 유효가 될 수 있으나, 절대적 무효는 추인으로 유효가 될 수 없다.

⑤ 추인은 의사표시로 하는 것이므로 묵시적으로도 할 수 있다.

⑥ 무효인 가등기를 유효한 등기로 전용하기로 약정하면 가등기는 그 때부터 유효한 것으로 된다.

POINT 15 취소 ★★

01 개념 및 종류

① **개념:** 원래 유효였던 법률행위에 관하여 착오, 사기, 강박, 제한능력을 원인으로 권리를 행사하여 무효로 만드는 것이다.

② 절대적 취소
- 제한능력자의 취소는 절대적 취소이다.
- 따라서 이것은 선의의 제3자에게도 주장할 수 있다.

③ 상대적 취소
- 착오 · 사기 · 강박을 원인으로 하는 취소는 상대적 취소이다.
- 따라서 이것은 선의의 제3자에게는 주장할 수 없다.

02 취소권자 착사강제 대승

① 착오자, 피사기자, 피강박자, 제한능력자, 이들의 대리인 및 승계인

② 제한능력자도 단독으로 취소할 수 있다.

③ 법정대리인은 그 고유의 취소권이 있다.

④ 임의대리인이 취소권을 행사하려면 본인으로부터 취소에 대한 별도의 수권이 있어야 한다.

03 행사

① **형성권**: 상대방에 대한 일방적인 의사표시이다.
② **방식**: 특별한 방식을 요하지 않으며 명시적으로 하든 묵시적으로 하든 무방하다.
③ **제척기간**: 추인할 수 있는 날로부터 3년, 법률행위를 한 날로부터 10년 내에 행사하여야 한다.

04 효과

① **소급효**: 취소권을 행사하면 소급적으로 그 법률행위는 무효가 된다.
② **부당이득반환의무**
  - 각 당사자는 부당이득반환의무를 지며 이는 동시이행관계에 있다.
  - **선의**: 받은 이익이 현존하는 한도에서 반환의무를 부담한다.
  - **악의**: 받은 이익에 이자를 붙여 반환하고 손해가 있으면 손해를 배상하여야 한다.
  - **제한능력자**: 선의 · 악의를 불문하고 받은 이익이 현존하는 한도에서 반환의무를 부담한다.

05 취소할 수 있는 법률행위의 추인(취소권의 포기)

① 개념
- 취소할 수 있는 법률행위를 취소하지 않겠다고 의사표시하는 것이다. 취소권의 포기에 해당한다.
- 추인이 있게 되면 더 이상 취소할 수 없게 되고 확정적으로 유효한 것이 된다.

② **추인권자**: 취소권자와 동일하다.

③ **방법**: 추인은 상대방에 대한 의사표시로 하는 것이므로 묵시적 추인도 가능하다.

④ 요건
- 취소할 수 있는 행위임을 알고서 하여야 한다.
- 취소의 원인이 소멸한 후에 하여야 한다.
- 위 경우, 법정대리인은 취소의 원인이 소멸하기 전에도 추인할 수 있다.

06 법정추인 〰 *암기 TIP* 전이경담양강

① **개념**: 취소할 수 있는 법률행위에 관하여 추인할 수 있는 후에 다음 사유가 있으면 추인한 것으로 본다.

② 사유

- 전부나 일부의 이행
- **이행의 청구**: 취소권자만 해당
- 경개
- 담보의 제공
- **취소할 수 있는 행위로 취득한 권리의 전부나 일부의 양도**: 취소권자만 해당
- 강제집행

③ 요건

- 취소의 원인이 소멸한 후일 것
- **이의를 보류하지 않을 것**: 이의를 보류한다는 것은 추인으로 간주되는 법률효과를 배제한다는 취소권자의 의사표시를 말한다.
- **취소권의 인식과 추인의 의사는 필요 없음**: 법정추인은 취소권자가 취소권이 존재함을 알고 있을 필요도 없고, 추인의 의사도 있을 필요가 없다.

POINT 16 법률행위의 부관(조건 · 기한) ★★

01 조건의 개념

① 법률행위의 효력의 발생 또는 소멸을 장래의 불확실한 사실에 의존하게 하는 법률행위의 부관이다.

② 따라서 과거의 사실은 조건이 될 수 없다.

③ **원칙:** 단독행위에는 조건을 붙일 수 없는 것이 원칙이다(추인, 취소, 해제, 해지, 상계).

④ **예외:** 상대방의 동의가 있거나 상대방에게 이익만을 주는 경우에는 조건을 붙일 수 있다(채무면제, 유증).

02 조건의 종류 *암기 TIP* 기해무 / 불정무

① 정지조건은 조건이 성취되면 법률행위의 효력이 발생한다.

② 해제조건은 조건이 성취되면 법률행위의 효력이 소멸한다.

③ 불능조건은 조건이 성취 불가능한 것이며, 기성조건은 조건이 이미 성취된 것이다.

④ 기성조건이 해제조건이면 무효이다.

⑤ 불능조건이 정지조건이면 무효이다.

⑥ 불법조건이 붙으면 법률행위 전체가 무효이다.

03 조건의 효력

① **조건성취 전의 효력**: 조건성취가 미정인 권리의무는 일반규정에 의하여 처분, 양도, 상속, 담보제공이 가능하다.

② 조건성취 후의 효력
- 정지조건은 성취한 때부터 효력이 발생한다.
- 해제조건은 성취한 때부터 효력이 소멸한다.
- 이렇듯 원칙적으로는 소급효가 없으나, 당사자가 조건성취의 효력을 소급하게 할 의사를 표시한 때에는 그 의사에 의한다.

04 기한의 개념 · 효과

① 법률행위의 효력의 발생 또는 소멸을 장래의 확실한 사실에 의존하게 하는 법률행위의 부관이다.

② 기한도래의 효과는 소급효가 없으며 당사자 사이의 의사에 의해서도 절대로 소급시킬 수 없다.

③ 당사자가 불확정한 사실이 발생한 때를 이행기한으로 정한 경우, 그 사실이 발생한 때는 물론 그 사실의 발생이 불가능하게 된 때에도 그 이행기한은 도래한 것으로 보아야 한다(대판 2007.5.10, 2005다67353).

05 기한의 종류

① **시기**: 도래시 법률행위의 효력이 발생하는 기한

② **종기**: 도래시 법률행위의 효력이 소멸하는 기한

③ 내년 8월 12일에 증여를 하겠다는 계약은 확정기한부 계약이다.

④ 甲이 사망하면 채무를 이행하겠다는 계약은 불확정기한부 계약이다.

06 기한의 이익

① **개념**: 기한이 도래하지 않음으로 누리는 이익

② **기한이익을 가지는 자**: 기한은 채무자의 이익을 위한 것으로 추정한다.

③ **기한이익의 포기**: 기한의 이익은 포기할 수 있으며, 상대방의 이익을 해하는 경우에는 손해를 배상하고 포기할 수 있다.

④ 기한이익의 상실

  ㉠ **기한이익 상실사유**: 채무자의 담보손상, 담보제공의무의 불이행, 파산

  ㉡ 기한이익 상실특약

  • 정지조건부 **기한이익 상실특약**: 상실사유가 발생하면 채권자 청구 없이 즉시 기한이익이 상실된다.

  • 형성권적 **기한이익 상실특약**: 상실사유가 발생해도 채권자의 청구가 있을 때 기한이익이 상실된다.

  • 위 두 가지 중 어느 것인지 불분명하면 형성권적 기한이익 상실특약으로 추정한다.

PART 02

물권법

▶ 무료강의 및 기출OX

POINT 17 물권적 청구권 ★★

01 종류

① **반환청구권**: 점유를 침탈당한 경우, 점유자를 상대로 행사하는 권리이다.

② 방해제거청구권

- 방해가 있는 경우, 방해자를 상대로 행사하는 권리이다.
- 위 경우, 방해제거청구권은 방해의 원인제거를 청구하는 것이며, 방해의 결과제거를 청구하는 것이 아니다.

③ **방해예방청구권**: 방해가 있을 염려가 있는 경우 행사하는 권리이다.

02 규정체계

① **점유권 규정**: 제204조, 제205조, 제206조

② **소유권 규정**: 제213조, 제214조

③ **제213조, 제214조 준용**: 지상권, 전세권

④ **제214조만 준용**: 지역권, 저당권(반환청구 못함)

⑤ 물권적 청구권은 유치권에는 준용되지 않는다.

03 **특성**

① 부종성
- 물권이 이전하면 물권적 청구권도 함께 이전한다.
- 물권적 청구권만 따로 분리하여 양도할 수 없다.
② **소멸시효**: 소유권에 기한 물권적 청구권은 소멸시효에 걸리지 않는다.
③ 물권적 청구권과 손해배상청구권

구분	물권적 청구권	손해배상청구권
고의 · 과실	要	不要
청구대상	'행위'청구	'금전'의 배상청구
방해개념	방해의 원인제거	방해의 결과제거

04 **청구권자 및 상대방**

① **청구권자** - 현재의 물권자: 소유권을 이전시킨 종전 소유자는 더 이상 물권적 청구권을 행사할 수 없다.
② **상대방** - 현재의 점유자·방해자: 직접점유자, 간접점유자 모두 상대방이 될 수 있으나, 점유보조자는 상대방이 될 수 없다.

05 행사

① 행사제한

물권적 청구권은 점유할 정당한 권원이 있는 자에 대해서는 행사할 수 없다.

- 미등기매수인에게 물권적 청구권을 행사할 수 없다.
- 시효완성자에게 물권적 청구권을 행사할 수 없다.

② 대위행사

- 임차인은 임대인의 소유권에 기한 물권적 청구권을 대위행사할 수 있다.
- 유효한 명의신탁에서 명의신탁자는 명의수탁자의 물권적 청구권을 대위행사할 수 있다.

06 관련 사례

甲의 토지에 乙이 무단으로 건물을 신축한 후, 丙에게 건물을 임대하였다.

① 甲은 乙을 상대로 건물철거와 토지인도를 청구할 수 있으나, 건물에서의 퇴거를 청구할 수는 없다.

② 甲은 丙을 상대로 건물철거와 토지인도를 청구할 수 없으나, 건물에서의 퇴거를 청구할 수는 있다.

③ 乙이 丁에게 건물을 미등기로 매매한 경우, 甲은 丁에게 건물철거를 청구할 수 있다.

POINT 18 등기청구권 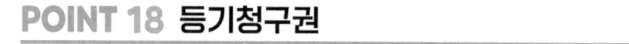 ★

01 개념

등기권리자가 등기의무자를 상대로 등기절차에 협력할 것을 청구할 수 있는 사법상·실체법상의 권리

02 종류

채권적 청구권	① 10년의 소멸시효에 걸린다. ② 미등기매수인의 등기청구권 ③ 시효완성자의 등기청구권
물권적 청구권	① 소멸시효에 걸리지 않는다. ② 실체관계와 등기가 일치하지 않는 경우의 말소등기청구권 ③ 진정명의회복을 원인으로 한 소유권이전등기청구권

03 미등기매수인의 등기청구권

① **원칙**: 채권적 청구권이므로 소멸시효가 진행한다.

② 예외

다음의 경우에는 소멸시효가 진행하지 않는다.

- 매수인이 부동산을 인도받아 점유하는 경우
- 제3자에게 부동산의 점유를 승계하여 준 경우

POINT 19 중간생략등기

01 유효성

① 중간생략등기 금지규정은 단속규정이므로, 이를 위반해도 사법상 효력은 유효이다.

② 토지거래허가구역 내에서의 중간생략등기는 무효이다.

02 중간생략등기의 합의가 된 경우
[최초매도인 甲, 중간자 乙, 최종매수인 丙]

① 丙은 甲을 상대로 직접 이전등기를 청구할 수 있다.

② 중간생략등기의 합의가 있더라도 당사자간의 매매계약에는 아무런 영향을 미치지 않는다.

③ 따라서 중간생략등기의 합의가 있었다 하여 乙의 등기청구권이 소멸되는 것은 아니며, 甲의 매매대금청구권의 행사가 제한되는 것도 아니다.

④ 중간생략등기의 합의가 있은 후에 甲과 乙간에 매매대금을 인상하는 약정이 체결된 경우, 甲은 인상된 매매대금이 지급되지 않았음을 이유로 丙 명의로의 소유권이전등기의무의 이행을 거절할 수 있다.

03 중간생략등기의 합의가 되지 않은 경우
[최초매도인 甲, 중간자 乙, 최종매수인 丙]

① 丙은 甲을 상대로 직접 이전등기를 청구할 수 없다.
② 중간생략의 합의가 없으므로 순차로 등기를 하든지, 아니면 丙은 乙을 대위하여 甲에게 등기를 청구하여야 한다.

③ 丙이 乙로부터 이전등기청구권을 양수받았어도 甲이 그에 대하여 동의하지 않고 있다면 丙은 甲을 상대로 채권양도를 원인으로 직접 소유권이전등기를 청구할 수는 없다.

④ 중간생략의 합의 없이 이미 경료된 중간생략등기는 실체관계와 부합하므로 유효이다.

⑤ 중간생략등기의 합의 후, 甲·乙 사이의 매매계약이 합의해제된 경우, 甲은 丙 명의로의 소유권이전등기의무의 이행을 거절할 수 있다.

POINT 20 가등기

01 개념

① 본등기의 요건을 구비하지 못한 경우, 순위를 보전하기 위하여 하는 등기를 말한다.
② 가등기는 채권적 청구권을 보존하기 위한 것이다.

02 효력

① 본등기 전의 효력
  • 가등기만으로는 실체법상 효력이 없다.
  • **추정력 없음**: 가등기가 있다 하여 소유권이전등기를 청구할 어떤 법률관계가 있다고 추정되지 않는다.
  • 본등기 청구는 가등기의무자를 상대로 하여야 한다.
② 본등기 후의 효력
  • **순위의 효력**: 본등기가 행해지면 본등기의 순위는 가등기의 순위에 의한다(소급효O).
  • **물권변동의 효력**: 물권변동의 효력은 본등기한 때부터 발생한다(소급효×).
  • 가등기와 본등기 사이에 이루어진 중간취득등기는 등기관이 직권으로 말소한다.

POINT 21 물권변동

01 등기 要

① 증여, 매매, 교환에 의한 부동산소유권이전
② 공유물에 대한 협의분할, 이행판결
③ 점유취득시효의 완성으로 소유권을 취득하는 경우

02 등기 不要

① 상속, 공용징수(수용), 형성판결(공유물분할판결), 경매
② 건물신축에 의한 소유권취득
③ 부합으로 인한 소유권취득
④ 혼동에 의한 물권의 소멸
⑤ 용익물권의 존속기간 만료로 인한 소멸
⑥ 피담보채권의 소멸로 인한 담보물권의 소멸
⑦ 법정지상권, 관습법상의 법정지상권의 취득, 전세권의 법정갱신
⑧ 법률행위의 무효, 취소, 해제, 합의해제에 의한 물권의 자동복귀

POINT 22 혼동

01 소유권과 제한물권의 혼동(소유자 甲, 전세권자 乙)

① 乙이 소유권을 취득한 경우, 전세권은 말소등기 없이 혼동으로 소멸한다.

② ①의 경우, 전세권이 제3자의 권리의 목적인 때 전세권은 소멸하지 않는다.

02 1번 저당권(乙)과 2번 저당권(丙)이 있을 때

乙이 소유권을 취득하더라도 乙의 저당권은 소멸하지 않는다.

03 지상권을 목적으로 하는 저당권이 있을 때
(소유자 甲, 지상권자 乙, 저당권자 丙)

乙이 지상권을 丙에게 양도하면, 제한물권간의 혼동에 따라 저당권은 혼동으로 소멸한다.

04 제한 및 효력

① 점유권, 광업권은 혼동으로 소멸하는 권리가 아니다.

② 혼동을 생기게 한 원인이 취소, 해제 등으로 실효된 경우에는 소멸된 물권은 당연히 부활한다.

POINT 23 간접점유

01 점유의 개념

① 물건을 사실상 지배하는 자는 점유권이 있다.

② 건물의 부지가 된 토지의 점유자(대판 2009.9.10, 2009다28462)

    ㉠ 건물소유자가 위 토지의 점유자에 해당한다.

    ㉡ 건물점유자는 위 토지의 점유자가 아니다.

02 간접점유

① 성립요건

    ㉠ 점유매개관계(임대차)가 존재해야 한다.

        • 간접점유자는 반환청구권을 갖는다.

        • 점유매개관계는 반드시 유효한 법률관계이어야 할 필요는 없고, 중첩적으로 있을 수 있다.

② 간접점유자의 지위

    ㉠ 간접점유자에게도 점유권이 인정된다.

    ㉡ 간접점유자도 점유보호청구권을 행사할 수 있다.

    ㉢ 간접점유로도 시효취득을 할 수 있고, 유치권을 주장할 수 있으며 임차권의 대항력을 취득할 수 있다.

POINT 24 자주점유와 타주점유 ★

01 개념 및 판단기준

① 소유의 의사를 가지고 하는 점유를 자주점유, 소유의 의사 없이 하는 점유를 타주점유라 한다.

② 자주인지 타주인지의 여부는 권원성질에 의해 외형적·객관적으로 판단되어야 한다.

02 자주점유 또는 타주점유에 해당하는 경우

구분	내용
자주점유	① 매매가 무효임을 모르는 매수인의 점유 ② 권원의 성질이 불분명한 경우(자주점유의 추정) ③ 점유자가 자주점유의 권원을 주장하였으나 권원이 부인된 경우
타주점유	① 매매가 무효임을 아는 매수인의 점유 ② 임차인·명의수탁자의 점유 ③ 타인의 토지에 분묘를 설치한 자의 점유 ④ 악의의 무단점유자

03 본권에 관한 소에서 패소한 경우

① 자주점유자라도 본권에 관한 소에서 패소한 때에는 판결이 확정된 때부터 타주점유자로 본다.

② 선의의 점유자라도 본권에 관한 소에 패소한 때에는 그 소가 제기된 때로부터 악의의 점유자로 본다.

POINT 25 점유의 추정력 ★

01 점유의 태양(제197조)

① 점유자는 소유의 의사로 선의, 평온 및 공연하게 점유한 것으로 추정한다.
② 그러나 무과실 점유는 추정되지 않는다.

02 점유계속의 추정(제198조)

① 전후양시에 점유한 사실이 있는 때에는 그 점유는 계속한 것으로 추정한다.
② 위 경우, 전후 양 시점의 점유자가 다른 경우에도 점유의 승계가 입증되는 한 점유계속은 추정된다.

03 권리의 적법의 추정(제200조)

① 점유자가 점유물에 대하여 행사하는 권리는 적법하게 보유한 것으로 추정한다.
② 위 규정은 부동산물권에 대하여는 적용되지 않는다.

POINT 26 점유자와 회복자의 관계 ★★

01 점유자와 과실취득(제201조)

① 선의의 점유자는 점유물의 과실을 취득한다.

② 악의의 점유자는 수취한 과실을 반환하여야 한다.

③ 취득할 수 있는 과실에는 천연과실, 법정과실뿐만 아니라 부동산의 사용이익도 포함된다.

④ 계약이 해제된 경우 적용여부: 매매계약이 해제된 경우, 당사자는 선의·악의를 불문하고 원상회복의무를 부담하므로 매수인은 과실도 매도인에게 반환해야 한다(대판 2000.2.25, 97다30066).

02 점유자의 회복자에 대한 책임(제202조) 선자

① 선의·자주점유자의 책임: 이익이 현존하는 한도 내에서 배상하여야 한다.

② 악의 또는 타주점유자의 책임: 손해의 전부를 배상하여야 한다.

03 점유자의 상환청구권(제203조)

① 필요비
- 점유자가 점유물을 반환할 때, 회복자에 대하여 필요비의 상환을 청구할 수 있다.
- 그러나, 점유자가 과실을 취득한 경우에는 통상의 필요비는 청구하지 못한다.

② 유익비
- 점유자는 유익비에 관하여는 그 가액의 증가가 현존한 경우에 한하여 회복자의 선택에 좇아 그 지출금액이나 증가액의 상환을 청구할 수 있다.
- 위 경우에 법원은 회복자의 청구에 의하여 상당한 상환기간을 허여할 수 있고, 이에 따라 유치권은 성립하지 않는다.

③ **상대방** - 회복 당시의 소유자
- 계약관계가 있으면 계약관계의 상대방인 임대인에게 청구한다 (제626조).
- 계약관계가 없으면 회복 당시의 소유자에게 청구한다(제203조).

POINT 27 점유보호청구권

01 점유물반환청구권(제204조)

① 점유의 침탈(빼앗김)
- 점유자가 점유의 침탈을 당한 때에는 그 물건의 반환 및 손해의 배상을 청구할 수 있다.
- 사기, 유실물 습득, 직접점유자가 임의로 타인에게 점유를 양도한 경우는 점유의 침탈에 해당하지 않으므로 점유물반환청구권을 행사할 수 없다.

② 청구권자
- 점유물을 침탈당한 점유자가 행사할 수 있다.
- 위 점유는 직접점유자든 간접점유자든 상관없다.

③ 상대방
- 침탈자 또는 그의 포괄승계인에게 행사할 수 있다.
- 침탈자의 악의의 특별승계인에게 행사할 수 있다.
- 침탈자의 선의의 특별승계인에게는 행사할 수 없다.
- 선의의 특별승계인으로부터 다시 전득한 자가 악의인 경우에도 점유자는 점유보호청구권을 행사할 수 없다(엄폐물의 법칙).

④ **제척기간**: 점유물반환청구권은 침탈을 당한 날로부터 1년 내에 행사하여야 한다.

02 점유물방해제거청구권(제205조)

- 점유자가 점유의 방해를 받은 때에는 그 방해의 제거 및 손해의 배상을 청구할 수 있다.
- 위 청구권은 방해가 종료한 날로부터 1년 내에 행사하여야 한다.

03 점유물방해예방청구권(제206조)

점유자가 점유의 방해를 받을 염려가 있는 때에는 그 방해의 예방 또는 손해배상의 담보를 청구할 수 있다.

04 점유의 소와 본권의 소와의 관계(제208조)

① 점유권에 기인한 소와 본권에 기인한 소는 서로 영향을 미치지 않는다.
② 점유권에 기인한 소는 본권에 관한 이유로 재판하지 못한다.

POINT 28 취득시효

01 객체

① 취득시효의 목적이 되는 권리
- ㉠ 소유권, 계속되고 표현된 지역권은 시효취득 가능
- ㉡ 점유를 수반하지 않는 저당권은 시효취득 불가

② 취득시효의 대상
- ㉠ 부동산의 일부에 대한 점유취득시효는 가능하다.
- ㉡ 자기소유 부동산, 국유재산 중 일반재산, 공유지분, 성명불상자의 소유물은 시효로 취득할 수 있다.
- ㉢ 집합건물의 공용부분은 시효로 취득할 수 없다.

02 점유취득시효

① **요건**: 20년, 자주·평온·공연점유, 등기, 소유권 취득

② 시효완성자의 등기청구권
- ㉠ 취득시효기간을 완성하면 등기청구권을 취득한다.
- ㉡ 위 등기청구권은 채권적 청구권으로 소멸시효의 대상이 되나 시효완성자가 그 토지에 대한 점유를 계속하는 한 시효로 소멸하지 않는다.
- ㉢ 취득시효 완성으로 인한 소유권이전등기청구권은 원소유자의 동의 없이 제3자에게 양도할 수 있다.

③ **등기청구권의 상대방**: 등기청구권은 시효완성 당시의 진정한 소유자를 상대로 하여야 한다.

④ 소유자가 목적물을 제3자에게 처분한 경우

  ㉠ **시효완성 전에 처분한 경우**: 시효완성 전 목적물을 처분하였고, 이후 시효가 완성된 경우, 제3자에게 등기청구권을 행사할 수 있다.

  ㉡ 시효완성 후에 처분한 경우

   ⓐ 시효완성 후 목적물을 처분한 경우에는 제3자에게 등기청구권을 행사할 수 없다.

   ⓑ 위 경우, 제3자는 선의·악의를 불문하고 소유권을 취득한다.

   ⓒ ⓐ의 경우, 어떠한 사유로 소유자에게로 소유권이 회복되면 그에게 시효취득의 효과를 주장할 수 있다.

   ⓓ ⓐ의 경우, 소유권변동시를 새로운 취득시효의 기산점으로 삼아 2차의 취득시효의 완성을 주장할 수 있다(대판 1994.3.22, 93다46360 전원합의체).

   ⓔ 시효완성 사실을 알고 처분한 소유자는 불법행위책임을 진다(채무불이행 책임이 아님).

⑤ 효과

  ㉠ 시효완성자가 등기를 마치면 소유권을 원시취득한다.

  ㉡ 위 취득의 효력은 점유개시시점으로 소급하므로, 소유자는 점유자에게 시효기간에 대한 부당이득반환청구를 할 수 없다.

  ㉢ 시효완성자의 점유는 정당한 점유이므로 소유자는 시효완성자에게 소유물반환청구를 할 수 없다.

---

03 등기부취득시효

① **요건:** 소유자로 등기한 자, 10년, 자주·평온·공연점유, 선의·무
   과실점유

② **등기의 적격성**

    ㉠ 무효등기를 마친 자라도 등기부취득시효가 가능하다.

    ㉡ 다만, 소유권보존등기가 이중으로 된 경우, 무효인 후등기로는
   등기부취득시효를 주장할 수 없다.

③ **등기의 승계:** 등기부취득시효에 의하여 소유권을 취득하는 자는,
   앞 사람의 등기까지 아울러 합산을 주장할 수 있다.

④ **선의·무과실점유**

    ㉠ 무과실은 추정되지 않으므로 입증해야 한다.

    ㉡ **판단시점:** 선의·무과실은 점유개시 당시로 족하다.

POINT 29 공유 ★★

01 공유지분

① **개념**: 소유권의 비율을 의미한다.

② 분산효

    ㉠ 지분은 공유물 전체에 퍼져서 존재한다.

    ㉡ 지분에 저당권이 설정된 경우, 공유물이 분할된 뒤에도 저당권의 효력은 종전의 지분비율대로 공유물 전부에 그대로 존속한다.

③ **지분처분의 자유**: 공유자는 그 지분을 자유롭게 처분할 수 있다.

④ 공유지분의 포기

    ㉠ 공유자가 그 지분을 포기하거나 상속인 없이 사망한 때에는 그 지분은 다른 공유자에게 각 지분의 비율로 귀속한다.

    ㉡ 지분의 포기는 상대방 있는 단독행위에 해당한다.

    ㉢ 이는 법률행위에 해당하므로 말소등기를 하여야 물권변동의 효력이 있다.

① 보존행위

　㉠ 공유물의 보존행위는 각자가 단독으로 할 수 있다.

　㉡ 제3자와의 관계

　　• 제3자가 공유물을 불법으로 점유·사용하고 있는 경우, 공유자 중 1인은 보존행위로서 공유물전부의 반환을 청구할 수 있다.

　　• 공유물에 관하여 제3자 명의로 원인무효의 소유권이전등기가 경료되어 있는 경우, 제3자에 대하여 등기 전부의 말소를 구할 수 있다.

　㉢ 공유자 사이의 관계(대판 2020.5.21, 2018다287522 전원합의체)

　　• 소수지분권자가 다른 공유자와 협의 없이 공유물을 독점적으로 점유·사용하고 있는 경우, 다른 소수지분권자는 공유물의 보존행위로서 인도를 청구할 수 없다.

　　• 위 경우, 자신의 지분권에 기초하여 공유물에 대한 방해의 제거를 청구할 수 있다고 보아야 한다.

② 관리행위

　㉠ 공유물의 관리행위는 지분의 과반수로 결정한다.

　㉡ 공유물의 임대차계약 체결 및 해지는 모두 관리행위에 해당한다.

　㉢ 과반수지분권자가 배타적으로 사용·수익하는 경우

　　• 과반수지분권자의 공유물에 대한 배타적 사용·수익은 공유물의 관리방법으로서 적법하다.

　　• 위 경우, 소수지분권자는 과반수지분권자에게 인도청구는 할 수 없고, 단지 자신의 지분범위 내에서 부당이득반환청구를 행사할 수 있다.

    ㉣ 과반수지분권자가 공유물의 임대차계약을 체결한 경우

- 과반수지분권자로부터 사용·수익을 허락받은 제3자의 점유
  는 적법한 점유이므로 소수지분권자는 그에 대하여 점유배제
  를 구할 수 없다.
- 위 경우, 소수지분권자는 과반수지분권자에게 차임 상당의
  부당이득반환청구를 할 수 있다.

③ **사용·수익**: 공유자는 공유물 전부를 지분의 비율로 사용·수익할
 수 있고, 지분의 비율로 공유물의 관리비용 기타 의무를 부담한다.

④ 처분·변경행위

 ㉠ 공유물의 처분·변경행위는 공유자 전원의 동의가 필요하다.

 ㉡ 공유자 중 1인이 다른 공유자의 동의 없이 그 공유토지의 특정
  부분을 매도하여 타인 명의로 소유권이전등기가 마쳐졌다면 그
  매도부분토지에 관한 소유권이전등기는 처분공유자의 공유지
  분범위 내에서는 유효한 등기라고 보아야 한다.

 ㉢ 공유자 중 1인이 다른 공유자의 동의 없이 그 공유토지에 대하
  여 단독으로 소유권이전등기를 경료하였다면 그 명의자의 공유
  지분범위 내에서는 유효한 등기라고 보아야 한다.

 ㉣ 공유물인 나대지에 새로이 건물을 건축하는 것은 처분행위에
  해당한다.

03 공유물의 분할

① 공유자는 자유롭게 공유물의 분할을 청구할 수 있다.

② 분할금지특약

  ㉠ 위 경우, 5년 내의 기간으로 분할하지 않을 것을 약정할 수 있다.

  ㉡ 이 계약을 갱신하는 경우, 갱신한 날로부터 5년을 넘지 못한다.

③ **원칙**: 협의가 된다면 협의를 통하여 분할한다(현물분할, 대금분할, 가격배상분할방법).

④ **예외**: 협의가 성립되지 않을 때에는 법원에 분할을 청구할 수 있다 (재판상 분할).

⑤ 재판상 분할은 현물분할이 원칙이나 현물분할이 불가능하거나 분할로 인하여 현저한 가액감소의 우려가 있는 경우에는 대금분할을 한다.

⑥ 공유자 사이의 분할협의가 성립하면 더 이상 재판상 분할청구는 허용되지 않는다.

⑦ 협의분할이든 재판상 분할이든 반드시 공유자 전원이 참가해야 한다.

POINT 30 합유 · 총유 ★★

01 합유

① 합유물의 이용관계
- 합유물에 대한 보존행위는 각자가 할 수 있다.
- 합유물의 처분행위는 전원의 동의가 필요하다.

② 공유와의 차이점
- 합유자는 전원의 동의 없이 합유물에 대한 지분을 처분하지 못한다.
- 사망한 합유자의 상속인은 합유자로서의 지위를 승계하는 것이 아니므로 합유물은 잔존합유자의 합유로 귀속된다.
- 합유자는 합유물의 분할을 청구하지 못한다.

02 총유

① 법인 아닌 사단의 사원이 집합체로서 물건을 소유할 때에는 총유로 한다.
② 총유물의 보존 · 관리 및 처분은 사원총회의 결의에 의한다.
③ 각 사원은 정관 기타의 규약에 좇아 총유물을 사용 · 수익할 수 있다.

POINT 31 지상권 ★★

01 개념 및 특성

① 지상권은 지상물 소유를 위하여 타인의 토지를 사용·수익하는 용익물권이다.

② 지상권의 객체는 토지이다. 따라서 설정계약 당시에 지상물이 없더라도 지상권은 유효하게 성립할 수 있다.

③ 지상권 객체로서의 토지는 1필의 토지 일부라도 무방하다.

02 존속기간

① 최단존속기간(제280조)

  ㉠ **견고한 건물, 수목 소유 목적:** 30년

  ㉡ **견고하지 않은 건물 소유 목적:** 15년

  ㉢ **공작물 소유 목적:** 5년

  ㉣ **공작물의 종류·구조를 정하지 않은 경우:** 15년

  ㉤ 기존 건물의 사용을 목적으로 지상권을 설정하는 경우에는 최단존속기간의 제한을 받지 않는다.

② **최장존속기간:** 최장기간에 관하여는 아무런 규정이 없으므로 지상권의 존속기간을 영구로 약정하는 것도 허용된다.

03 담보지상권

① 개념

  ㉠ 토지에 관하여 저당권을 취득함과 아울러 그 저당권의 담보가치 확보를 위하여 지상권을 취득하는 경우를 담보지상권이라 한다.

  ㉡ 담보지상권은 담보목적으로 활용될 뿐, 담보물권은 아니므로 지상권에 피담보채무가 존재하지 않는다.

  ㉢ 따라서 위 경우, 담보지상권의 피담보채무 범위 확인을 구하는 청구는 확인의 이익이 없어 부적법하다(대판 2017.10.31, 2015다65042).

② 효력

  ㉠ 물권적 청구권

   • 제3자가 저당물인 토지에 건물을 신축하는 경우, 지상권자는 그 방해배제청구로서 신축 중인 건물의 철거와 대지의 인도를 구할 수 있다.

   • 제3자의 지상권설정자에 대한 그 토지를 사용·수익할 수 있는 채권적 권리의 존재는 지상권자에게 대항할 수 있는 사정에 해당하지 않는다.

  ㉡ 토지에 대한 사용·수익권

   • 토지에 대한 사용·수익은 저당권설정자가 하는 것이다.

   • 담보지상권자는 지상권의 목적 토지를 점유, 사용함으로써 임료 상당의 이익을 얻을 수 있었다고 보기 어려우므로, 지상권 침해를 이유로 임료 상당의 손해배상을 구할 수 없다(대판 2008.1.17, 2006다586).

③ **소멸**: 피담보채권의 변제 등으로 담보권이 소멸하면 지상권도 함께 소멸한다.

<u>04</u> 지상권자의 권리

① 토지사용권

　　㉠ 지상권은 물권이므로 토지의 양수인에 대하여도 주장할 수 있다.

　　㉡ 지상권이 침해된 경우, 지상권자는 지상권에 기한 물권적 청구권을 행사할 수 있다.

　　㉢ 지상권에 상린관계 규정이 준용된다.

② **처분권의 보장** – 양도, 임대, 담보설정

　　㉠ 지상권자는 설정자의 동의 없이 타인에게 지상권을 양도하거나 그 존속기간 내에서 토지를 임대하거나 지상권 위에 저당권을 설정할 수 있다.

　　㉡ 이러한 지상권자의 처분권은 절대적으로 보장되며, 처분금지특약은 무효이다.

　　㉢ 지상권자는 지상권을 유보한 채 지상물소유권만을 양도할 수 있고, 지상물소유권을 유보한 채 지상권만을 양도할 수도 있다.

③ **지상물매수청구권** – 강행규정

　　㉠ **1차적 행사**: 지상권이 소멸한 경우, 지상물이 현존한 때에는 지상권자는 계약의 갱신을 청구할 수 있다.

　　㉡ **2차적 행사**: 위 경우, 지상권설정자가 계약의 갱신을 원하지 않은 때에는 지상권자는 상당한 가액으로 지상물의 매수를 청구할 수 있다.

　　㉢ **형성권**: 매수청구권을 행사하면 지상물에 대한 매매계약이 성립된다.

　　㉣ **행사제한**: 지상권자가 2년 이상 지료연체를 이유로 지상권소멸청구를 당한 경우에는 비록 지상물이 현존하더라도 매수청구는 허용되지 않는다.

④ **유익비상환청구권:** 다만, 필요비에 대하여는 상환청구를 할 수 없다.

⑤ 지료증감청구권

  ㉠ 지료가 토지에 관한 조세 기타 부담의 증감이나 지가의 변동으로 인하여 상당하지 아니하게 된 때에는 당사자는 그 증감을 청구할 수 있다.

  ㉡ 지료

- 지료의 지급은 지상권의 성립요소가 아니므로 무상의 지상권설정도 가능하다.
- 지상권자가 2년 이상의 지료를 지급하지 않은 경우, 설정자는 지상권의 소멸을 청구할 수 있다.
- 지상권자의 지료지급연체가 토지소유권의 양도 전후에 걸쳐 이루어진 경우, 토지양수인에 대한 연체기간이 2년이 되어야 양수인은 지상권소멸청구를 할 수 있다.
- 지상권이 저당권의 목적인 경우, 지료연체를 이유로 하는 지상권소멸청구는 저당권자에게 통지하면 상당기간이 경과함으로써 효력이 생긴다.

① 성립요건

　㉠ 토지와 건물이 처분 당시 동일인 소유이어야 한다.

　㉡ 매매 기타 원인으로 토지와 건물의 소유자가 달라져야 한다.

　㉢ 관습법상 법정지상권을 배제하는 특약은 없어야 한다(임의규정).

② 법정지상권이 성립하는 판례

　㉠ 토지와 건물의 소유자가 토지만을 타인에게 증여한 후 구 건물을 철거하되 그 지상에 자신의 이름으로 건물을 다시 신축하기로 합의한 경우

　㉡ 토지와 건물이 처분 당시에 동일인의 소유이나 무허가건물이었던 경우

　㉢ 공유대지에 건물을 소유하다가 공유대지를 분할하여 각기 다른 소유자에게 귀속하게 된 경우 대지를 분할할 때에 이미 지상권의 성립을 승인한 것이므로 관습법상 법정지상권이 성립한다.

③ 법정지상권이 성립하지 않는 판례

　㉠ 대지상에 건물을 매수하면서 임대차계약을 체결하였다면 관습법상의 법정지상권을 포기한 것으로 본다.

　㉡ 환매특약의 등기가 경료된 나대지의 소유자가 그 지상에 건물을 신축한 후, 환매권이 행사되면 관습상의 법정지상권은 성립할 수 없다.

　㉢ 미등기건물을 대지와 함께 매도한 경우, 매수인에게 대지에 관하여만 소유권이전등기가 경료되고 건물에 관하여는 등기가 경료되지 않아 형식적으로 대지와 건물이 명의자를 달리하게 되었다 하더라도 매도인에게 관습상의 법정지상권을 인정할 이유가 없다.

ⓔ 공유토지 위에 과반수지분권자의 동의를 얻고 건물을 신축한 경우 관습법상 법정지상권이 성립하지 않는다.

06 법정지상권이 성립된 후, 건물을 양도한 경우

> 甲은 자신이 소유하던 토지와 건물 중, 건물만 乙에게 매각하였고, 소유권이전등기를 경료하였다. 그 후 乙은 丙에게 건물을 매각하였고, 소유권이전등기를 경료하였다.

① 乙은 등기 없이 관습법상의 법정지상권을 취득한다. 따라서 甲뿐만 아니라, 토지소유권을 전득한 제3자에 대하여도 등기 없이 지상권을 주장할 수 있다.

② 乙과 丙의 건물매매계약 속에는 특약이 없는 한 지상권도 함께 양도한다는 내용이 포함된 것이다.

③ 매매는 법률행위이므로 丙은 지상권이전등기를 해야 지상권을 취득할 수 있다.

④ 丙은 甲과 계약을 한 것이 아니므로 甲에게 직접 지상권설정등기를 청구할 수 없고, 乙을 대위하여 지상권설정등기를 청구할 수 있다.

⑤ 甲은 丙에게 건물철거를 청구할 수 없으나, 토지사용료를 부당이득으로 반환청구할 수 있다.

POINT 32 지역권 ★★

01 개념

① 지역권이 성립하기 위해서는 편익을 받는 요역지와 편익을 주는 승역지가 있어야 한다.

② 요역지는 1필의 토지 전부이어야 하나, 승역지는 1필의 토지 일부라도 상관없다.

③ 지역권의 성립과 존속을 위하여 요역지는 반드시 있어야 한다. 따라서 통행지역권을 주장하려면 요역지가 있음을 주장·증명하여야 한다(대판 1993.8.24, 92다19804).

02 특성

① 공용적 성격
- 요역지의 소유자뿐 아니라 지상권자, 전세권자, 임차인도 지역권을 행사할 수 있다.
- **점유를 수반하지 않음**: 지역권에는 승역지를 점유할 수 있는 권능이 없으므로 지역권자에게는 점유보호청구권이나 지역권에 기한 물권적 반환청구권이 인정되지 않는다.

② 부종성(수반성)
- 요역지의 소유권이 이전하면 지역권도 등기 없이 함께 이전한다.
- 지역권은 요역지와 분리하여 양도하거나 다른 권리의 목적으로 하지 못한다.

③ 불가분성

- 공유자 1인이 지역권을 취득한 때에는 다른 공유자도 이를 취득한다.
- 요역지가 수인의 공유인 경우, 공유자 1인은 자기지분에 대한 지역권을 소멸시킬 수 없다.
- **취득시효의 중단**: 지역권의 취득시효 중단은 지역권을 행사하는 모든 공유자에게 하여야 중단의 효력이 있다.
- **소멸시효의 중단**: 지역권의 소멸시효 중단은 공유자 1인만 하여도 중단의 효력이 있다.

03 취득

① **법률행위에 의한 취득** - 설정계약과 등기

- 지료의 지급은 지역권의 요소가 아니다.
- 존속기간에 관하여는 아무런 규정이 없다.
- 요역지와 승역지가 반드시 인접할 필요는 없다.

② **법률규정에 의한 취득** - 시효취득

- 계속되고 표현된 것에 한하여 지역권의 시효취득이 가능하다.
- 통행지역권을 시효취득하려면 요역지의 소유자가 승역지상에 통로를 개설하여 통행하는 상태가 20년간 계속한 사실이 있어야 한다.
- 통행지역권을 시효취득한 경우, 요역지소유자는 승역지소유자가 입은 손해를 보상하여야 한다.
- 토지의 불법점유자는 통행지역권을 시효취득할 수 없다.

- 승역지의 소유자는 통로의 소유권을 지역권자에게 위기하여 공작물설치나 수선의무의 부담을 면할 수 있다.

- 위기(委棄)란 통로의 토지소유권을 지역권자에게 이전한다는 일방적 의사표시를 말한다.

- 위기는 법률행위이므로 소유권이전등기를 하여야 소유권이 이전한다.

- 위기에 의해 승역지의 소유권이 지역권자에게 이전하면 지역권은 혼동으로 소멸한다.

- 위기는 승역지소유자(지역권설정자)가 요역지소유자(지역권자)에게 하는 것이다.

POINT 33 전세권 ★★

01 성립 및 특성

① 성립
  ㉠ 설정계약, 전세금, 등기를 통해 전세권은 성립한다.
  ㉡ 전세금의 지급은 기존채권으로 갈음할 수 있다.
  ㉢ 전세목적물의 인도(대판 1995.2.10, 94다18508)
    • 목적물의 인도는 전세권의 성립요소가 아니다.
    • 전세권설정과 동시에 목적물을 인도하지 않은 경우라도 장차 전세권자가 목적물을 사용·수익하는 것을 완전히 배제하는 것이 아니라면 전세권의 효력을 부인할 수 없다.
  ㉣ 전세권의 존속기간이 시작되기 전에 마친 전세권설정등기는 유효한 것으로 추정된다.
② **특성** - 용익물권성과 담보물권성의 겸유
  ㉠ 전세권은 용익물권성(목적물의 사용·수익)과 담보물권성(경매청구권, 우선변제권)을 함께 가지고 있다.
  ㉡ 존속기간이 만료되면 전세권의 용익물권적 권능은 말소등기 없이도 소멸하고 단지 전세금을 반환받기 위한 담보물권적 권능이 존속한다.

02 전세기간

① 존속기간

    ㉠ **최단기**: 1년(건물전세)

    ㉡ **최장기**: 10년(건물전세, 토지전세)

② 법정갱신(묵시적 갱신)

    ㉠ 전세권의 법정갱신은 건물전세권에만 인정된다.

    ㉡ 설정자가 기간 만료 전 6월부터 1월까지 사이에 갱신거절의 통지를 하지 않은 경우, 동일한 조건으로 다시 전세권을 설정한 것으로 본다.

    ㉢ 이 경우, 존속기간은 정함이 없는 것으로 본다.

    ㉣ 기간이 없는 전세가 되었으므로 각 당사자는 언제든지 소멸통고를 할 수 있고, 통고를 받은 날로부터 6월이 경과하면 전세권은 소멸한다.

    ㉤ 법정갱신은 법률규정에 해당하므로 등기 없이도 설정자나 제3자에게 그 효력을 주장할 수 있다.

① 부동산사용권

    ㉠ 전세권은 물권이므로 부동산의 양수인에 대하여도 주장할 수 있다.

    ㉡ 전세권이 침해된 경우, 전세권자는 전세권에 기한 물권적 청구권을 행사할 수 있다.

    ㉢ 전세권에 상린관계 규정이 준용된다.

② **처분권 보장** - 양도, 임대, 담보설정, 전전세

    ㉠ 전세권자는 설정자의 동의 없이 타인에게 전세권을 양도 또는 담보로 제공할 수 있고 그 존속기간 내에서 목적물을 전전세 또는 임대할 수 있다.

    ㉡ 처분금지특약이 유효이므로 이를 통하여 전세권자의 처분을 제한할 수 있다.

③ 유익비상환청구권

    ㉠ 전세권자는 유익비에 관하여 그 가액의 증가가 현존한 경우에 한하여 소유자의 선택에 좇아 그 지출액이나 증가액의 상환을 청구할 수 있다.

    ㉡ 전세권자는 목적물에 대한 현상유지 · 수선의무를 부담하므로 필요비상환청구는 할 수 없다.

④ 전세금증감청구권(형성권)

    ㉠ 전세금이 상당하지 않게 된 때에는 당사자는 장래에 대하여 그 증감을 청구할 수 있다.

    ㉡ 증액청구의 비율은 약정한 전세금의 20분의 1을 초과하지 못하며, 증액이 있은 날로부터 1년 이내에는 이를 하지 못한다.

⑤ 경매청구권, 우선변제권

   ⊙ 전세권설정자가 전세금의 반환을 지체한 때에는 전세권자는 민사집행법의 정한 바에 의하여 전세권의 목적물의 경매를 청구할 수 있다.

   ⓛ 전세권자는 목적물 전부에 대하여 후순위권리자 기타 채권자보다 전세금의 우선변제를 받을 권리가 있다.

⑥ **부속물매수청구권(형성권)**: 전세권설정자의 동의를 얻어 부속시킨 것이거나 전세권설정자로부터 매수한 것인 때, 전세권자는 그 부속물의 매수를 청구할 수 있다.

04 특수문제

① 건물일부에 전세권을 설정한 경우

   ⊙ 전세권자는 건물 전부에 경매를 청구할 수 없다.

   ⓛ 그러나, 건물 전부에 대한 매각대금에서 우선변제를 받을 권리는 있다.

② 전세금반환청구권과 전세권의 분리양도

   ⊙ **전세권이 존속하는 동안**: 전세금반환채권을 전세권과 분리하여 확정적으로 양도하는 것은 허용되지 않고, 전세권이 소멸하는 경우, 전세금반환채권이 발생하는 것을 조건으로 양도할 수 있다(대판 2002.8.23, 2001다69122).

   ⓛ **전세권의 존속기간이 만료된 경우**: 전세금반환채권을 전세권과 분리하여 양도하는 것이 허용된다.

③ 건물전세권의 지상권, 임차권에 대한 효력

　⑦ 타인의 토지에 있는 건물에 전세권을 설정한 경우, 전세권의 효력은 그 건물의 소유를 목적으로 한 지상권 또는 임차권에 미친다.

　ⓒ 위 경우, 전세권설정자는 전세권자의 동의 없이 지상권 또는 임차권을 소멸하게 하는 행위를 하지 못한다.

POINT 34 유치권 ★★

01 개념 및 특성

① **개념**: 타인의 물건을 점유한 자는 그 물건에 관하여 생긴 채권이 변제기에 있는 경우에는 변제를 받을 때까지 그 물건을 유치할 권리가 있다(점유 + 인도거절권).

② 특성

   ㉠ 점유가 유치권의 성립요건 및 존속요건이다.

   ㉡ 추급효가 없으므로, 물상대위권, 우선변제권을 행사할 수 없다.

   ㉢ 유치권에는 물권적 청구권이 준용되지 않으므로 유치권에 기한 물권적 청구권을 행사할 수 없고, 점유보호청구권을 행사하여야 한다.

   ㉣ 유치권은 법정담보물권이다.

02 성립요건

① 타인의 물건일 것

   ㉠ 타인은 채무자뿐 아니라 제3자로 포함된다. 자신이 소유하는 물건에는 유치권을 행사할 수 없다.

   ㉡ 수급인의 재료와 노력으로 건축되었고 독립한 건물에 해당되는 기성부분은 수급인의 소유이므로 수급인은 공사대금을 지급받을 때까지 이에 대해 유치권을 가질 수 없다(대판 1993.3.26, 91다14116).

② 물건과 채권의 견련성

구분	내용
유치권이 성립되는 채권(견련성 인정)	• 비용상황청구권 • 공사비 · 수리비채권 • 목적물로부터 발생한 손해배상청구권
유치권이 성립되지 않는 채권 (견련성 부정)	• 보증금반환청구권 • 권리금반환청구권 • 매매대금채권(건축자재대금채권, 부속물 · 지상물매수청구권) • 계약명의신탁에서 신탁자가 수탁자에게 제공한 매매대금 상당의 부당이득반환청구권

③ 적법점유

⊙ 점유의 계속

• 점유는 유치권의 성립요건이자 존속요건이다.

• 유치권자의 점유는 직접점유이든 간접점유이든 관계가 없으나, 채무자가 직접점유를 하는 경우는 유치권이 성립되지 않는다.

© 적법한 점유

• 점유개시가 불법행위로 인한 경우에는 유치권이 성립하지 않는다.

• 적법점유는 추정되므로 유치권자가 스스로 입증할 책임은 없다.

ⓒ 압류와 유치권

- 경매개시결정의 기입등기(압류) 후 유치권이 성립한 경우 경락인에게 대항할 수 없다.
- 경매개시결정의 기입등기(압류) 전 유치권이 성립한 경우 경락인에게 대항할 수 있다.

④ **채권이 변제기에 도래할 것**: 유익비상환청구에 대하여 법원이 상당한 상환기간을 허여(유예)한 경우, 유치권은 성립하지 않는다.

⑤ 유치권을 배제하는 특약이 없을 것

ⓐ 유치권 배제특약은 유효이다.

ⓑ 위 특약의 효력은 특약의 상대방뿐 아니라 그 밖에 사람도 주장할 수 있다(대판 2018.1.24, 2016다234043).

---

03 유치권자의 권리와 의무

① 유치권자의 권리

ⓐ 유치할 권리

- 유치권은 물권이므로 경락인에게도 주장할 수 있다.
- 그러나 경락인에게 적극적으로 변제를 청구할 수는 없다.

ⓑ 경매권

- 유치권자는 유치물을 경매할 수 있다.
- 그러나 우선변제권은 행사할 수 없다.

ⓒ **간이변제충당권(대물변제)**: 정당한 이유가 있는 때에는 유치권자는 감정인의 평가에 의하여 유치물로 직접 변제에 충당할 것을 법원에 청구할 수 있다.

ⓔ **과실수취권**: 유치권자는 유치물의 과실을 수취하여 다른 채권
보다 먼저 그 채권의 변제에 충당할 수 있다. 그러나 과실이 금
전이 아닌 때에는 경매하여야 한다.

ⓜ 비용상환청구권

- 유치권자가 필요비를 지출한 때에는 소유자에게 그 상환을
  청구할 수 있다.
- 유치권자가 유익비를 지출한 때에는 그 가액의 증가가 현존
  한 경우에 한하여 소유자의 선택에 좇아 그 지출한 금액이나
  증가액의 상환을 청구할 수 있다.

ⓗ 보존을 위한 사용권

- 보존에 필요한 사용은 채무자의 승낙 없이 할 수 있다.
- 유치물인 주택에 거주하며 사용하는 것은 유치물의 보존에
  필요한 사용에 해당한다.
- 위 경우, 유치권자는 그 사용으로 얻은 실질적 이익을 소유자
  에게 부당이득으로서 상환할 의무가 있다.

② 유치권자의 의무

ⓐ **선관주의의무**: 유치권자는 선량한 관리자의 주의로 유치물을
점유해야 한다.

ⓑ 유치권자는 채무자의 승낙 없이 유치물의 사용·대여·담보제
공을 하지 못한다.

ⓒ 유치권자가 위 의무를 위반하면, 채무자는 유치권의 소멸을 청
구할 수 있다.

04 소멸

① 피담보채권
  ㉠ 피담보채권이 소멸하면 유치권도 소멸한다.
  ㉡ 유치권의 행사는 채권의 소멸시효의 진행에 영향을 미치지 않는다.

② **타 담보제공**: 채무자는 상당한 담보를 제공하고 유치권의 소멸을 주장할 수 있다.

③ 점유의 상실
  ㉠ 유치권은 점유의 상실로 인하여 소멸한다.
  ㉡ 위 경우, 침탈당한 날로부터 1년 내에 점유물반환청구권을 행사하여 점유를 회복하면, 유치권은 되살아난다.

POINT 35 저당권 ★★

01 개념 및 객체

① **개념:** 채무자 또는 물상보증인이 채무의 담보로 제공한 부동산을 채권자가 인도받지 않고 관념적으로만 지배하고 있다가 채무불이행시에 경매를 신청하여 우선변제를 받는 담보물권을 말한다.

② **객체:** 등기·등록이 가능한 물건이나 권리

02 성립의 당사자

① **저당권설정자:** 채무자 또는 제3자(물상보증인)

② 저당권자

　㉠ **원칙:** 채권자에 한한다(부종성).

　㉡ **예외:** 채권자와 채무자 및 제3자 사이에 합의가 있었고, 나아가 제3자에게 그 채권이 실질적으로 귀속되었다고 볼 수 있는 특별한 사정이 있는 경우에는 제3자 명의의 저당권등기도 유효하다.

① 피담보채권의 범위(제360조)

　㉠ 저당권은 원본, 이자, 위약금, 지연배상금, 저당권의 실행비용을 담보한다.

　㉡ 그러나 지연배상금에 대하여는 원본의 이행기일을 경과한 후의 1년분에 한하여 담보된다.

② 목적물의 범위(제358조)

　㉠ 규정

　　• 저당권의 효력은 저당권의 설정 전·후를 불문하고 부합물·종물·종된 권리에 미친다.

　　• 위 제358조는 임의규정이다.

　㉡ 건물저당권

　　• 저당부동산에 대한 경매절차에서 부합물·종물이 경매목적물로 평가되지 않았다고 해도 저당권의 효력이 미치므로 경락인은 그에 대한 소유권을 취득한다(대판 1995.6.29, 94다6345).

　　• 저당권의 효력은 종된 권리에도 미치므로 건물에 대한 저당권은 그 건물의 소유를 목적으로 하는 지상권, 전세권, 임차권에 미친다(대판 1996.4.26, 95다52864).

　㉢ **토지저당권**: 건물, 농작물, 명인방법을 갖춘 수목은 토지의 부합물이 아니므로, 토지저당권의 효력이 미치지 않는다.

③ 과실

    ⑤ **원칙**: 저당물의 사용·수익은 설정자가 하는 것이므로 과실에는 저당권의 효력이 미치지 않는다.

    ⓒ **예외**: 저당물에 대한 압류가 있은 후에는 설정자가 수취한 과실 또는 수취할 수 있는 과실에 저당권의 효력이 미친다.

    ⓒ 압류 이후의 저당부동산에 대한 차임채권에도 저당권의 효력이 미친다.

④ 물상대위

    ⑤ **개념**: 저당물의 가치변형물에 저당권의 효력이 미치는 것을 말한다(보험금, 보상금, 손해배상청구권).

    ⓒ 행사방법

        • 물상대위권을 행사하려면 설정자가 금전을 지급받기 전에 압류 또는 가압류를 하여야 한다.

        • 위 압류 또는 가압류는 저당권자가 직접 하지 않아도 된다 (대판 1998.9.22, 98다12812).

    ⓒ 제한

        • 담보물이 매각의 매매대금은 물상대위의 객체가 될 수 없다.

        • 공익사업을 위한 토지 등의 취득 및 보상에 관한 법률에 따른 협의취득의 경우, 그 보상금은 매매대금의 성질을 가지므로 물상대위를 할 수 없다.

04 제3취득자

① **개념**: 저당물에 대하여 소유권, 지상권 또는 전세권을 취득한 자를 말한다. 후순위저당권자는 제3취득자에 해당하지 않는다.

② 제3취득자의 권리

ㄱ 경매인이 될 수 있다.

ㄴ 제3취득자의 변제

- 제3취득자는 저당권자에게 변제하고 저당권의 소멸을 청구할 수 있다.
- 보통의 저당에서는 지연배상금에 대하여 1년분만을 변제하면 족하다.
- 근저당에서는 최고액까지만 변제하면 족하다.

ㄷ **비용상환청구권**: 제3취득자가 그 부동산의 보존·개량을 위하여 필요비 또는 유익비를 지출한 때에는 저당물의 경매대가에서 우선상환을 받을 수 있다.

05 처분 및 소멸

① **처분**: 저당권은 담보한 채권과 분리하여 타인에게 양도하거나 다른 채권의 담보로 하지 못한다.

② 소멸

ㄱ 목적물의 멸실, 저당목적물의 경매로 저당권은 소멸한다.

ㄴ 저당권으로 피담보채권이 소멸한 때에는 저당권도 소멸한다.

POINT 36 제366조 법정지상권

01 개념

① 저당물의 경매로 인하여 토지와 지상건물이 다른 소유자에게 속한 경우에 인정되는 법정지상권이다.

② **판단기준:** 저당권 설정 당시 토지와 건물이 동일인 소유에 속해야 한다.

02 법정지상권이 성립하는 판례

① 무허가·미등기건물에도 법정지상권이 성립한다.

② 토지에 저당권이 설정될 당시 지상건물이 건축 중이었고, 건물의 규모, 종류가 외형상 예상할 수 있는 정도까지 건축이 진전되어 있는 경우

③ 설정 당시 동일인 소유이면 족하고 경매 전에 소유자 변동이 있더라도 법정지상권은 성립한다.

④ 건물이 있는 토지에만 저당권을 설정하고 나서 그 건물을 철거 후 재건축한 때에도 저당권의 실행으로 토지와 건물의 소유자가 달라지면 법정지상권이 성립한다. 이때 법정지상권의 범위와 내용은 구 건물을 기준으로 한다.

03

법정지상권이 성립하지 않는 판례

① 나대지에 저당권을 설정한 후에 저당권설정자가 저당권자로부터 법정지상권의 성립을 인정한다는 승낙을 얻어서 건물을 신축하였더라도 법정지상권은 인정되지 않는다.

② 미등기건물을 대지와 함께 매수한 사람이 그 대지에 관하여만 소유권이전등기를 넘겨받고 건물에 대하여는 등기를 이전받지 못하고 있다가 대지에 대하여 저당권을 설정하고 그 저당권의 실행으로 대지가 경매되어 다른 사람의 소유로 된 경우에는 법정지상권이 성립하지 않는다.

POINT 37 일괄경매청구권

01 개념

토지를 목적으로 저당권을 설정한 후, 설정자가 건물을 축조한 때에는 저당권자는 토지와 함께 건물에 대하여도 경매를 청구할 수 있다.

02 요건

① 토지에 저당권설정 당시 나대지일 것
② 토지저당권자가 경매를 청구할 당시 토지와 건물이 동일인 소유에 속할 것

03 사례적용

① 저당권설정자가 건물을 신축하여 소유하고 있는 경우, 일괄경매를 청구할 수 있다.
② 위 경우, 경매개시결정 당시 건물의 소유권이 제3자에게 귀속된다면 일괄경매를 청구할 수 없다.
③ 저당권설정자로부터 용익권을 취득한 자가 건물을 신축한 경우에는 일괄경매를 청구할 수 없다.
④ 위 경우, 저당권설정자가 건물의 소유권을 취득한다면 일괄경매를 청구할 수 있다.

<u>04</u> 효과

① 토지저당권이므로 건물의 경매대가에 대해서는 우선변제를 받지 못한다.

② 토지만을 경매할지, 토지와 건물을 일괄해서 경매할 것인가는 저당권자의 자유이다.

POINT 38 근저당 ★

01 개념 및 성립

① 담보할 채무의 최고액만을 정하고 채무의 확정을 장래에 보류하여 설정하는 저당권을 의미한다.

② 근저당권은 장래의 증감·변동하는 불특정 채권을 최고액까지 담보하는 것으로 피담보채권이 일시적으로 소멸하더라도 근저당권은 소멸하지 않는다.

③ 필수적 등기사항

  ⊙ 근저당이라는 취지와 채권최고액을 반드시 등기하여야 한다.

  ⓒ 다만, 이자는 최고액에 당연히 산입된 것으로 보므로 별도로 등기할 필요가 없다.

02 채권최고액

① 최고액이란 우선변제를 받을 수 있는 한도액이다.

② 1년분이 넘는 지연배상금도 채권최고액의 한도 내라면 전액 근저당권에 의해 담보된다.

③ 채권최고액에 경매실행비용은 포함되지 않는다.

④ 채무액이 채권최고액을 초과한 경우, 근저당권의 말소를 위해 필요한 변제범위

ⓐ 채무자는 채무전액을 변제해야 근저당권의 말소를 청구할 수 있다.

ⓑ 제3취득자는 최고액만 변제하고 근저당권의 말소를 청구할 수 있다.

ⓒ 물상보증인은 최고액만 변제하고 근저당권의 말소를 청구할 수 있다.

ⓓ 후순위담보권자는 최고액을 변제해도 근저당권의 말소를 청구할 수 없다.

03 피담보채권의 확정

① 채권액의 확정사유

ⓐ 기본계약 또는 근저당권설정계약의 해지·해제

ⓑ 결산기의 도래

ⓒ 채무자의 파산

ⓓ 경매를 신청한 경우

- 근저당권자가 스스로 경매신청을 한 경우, 경매신청시에 피담보채권액이 확정된다.

- 후순위근저당권자가 경매신청을 한 경우, 선순위근저당권자의 피담보채권액은 경락대금을 완납한 때에 확정된다.

② 피담보채권확정의 효과

    ⊙ 피담보채권이 확정되면 근저당권은 부종성을 가지게 되어 보통의 저당권과 같은 취급을 받게 된다.

    ⓒ 경매개시결정이 있은 후에 경매신청이 취하되었다고 하더라도 채무확정의 효과가 번복되는 것은 아니다.

    ⓒ 근저당권의 피담보채권이 확정된 경우, 확정 이후에 새로운 거래관계에서 발생한 원본채권은 그 근저당권에 의하여 담보되지 않지만, 확정 전에 발생한 원본채권에 관하여 확정 후에 발생하는 이자나 지연손해금채권은 채권최고액의 범위 내에서 근저당권에 의하여 여전히 담보되는 것이다(대판 2007.4.26, 2005다38300).

> 甲은 A에게 3,000만원을 빌려주면서 A소유의 X토지와 Y토지에 1순위 저당권을 설정받았다. 그 후 X토지에는 乙이 1,800만원의 피담보채권으로 후순위저당권을 설정받았고, Y토지에는 丙이 피담보채권액 1,200만원을 담보하기 위하여 후순위저당권을 설정받았다. X토지와 Y토지의 경락대금은 각각 4,000만원과 2,000만원이다.

① 동시배당의 경우, 甲은 X토지에서 2,000만원, Y토지에서 1,000만원을 받는다(안분배당).

② 甲이 X토지에서 전액을 배당받은 경우, 乙은 Y토지에 대하여 1,000만원의 대위권을 행사할 수 있다.

③ **채무자 부동산의 후순위권리자**: 만약 Y토지가 물상보증인 B의 소유였고 甲이 X토지에서 전액을 배당받은 경우, 乙은 Y토지에 대하여 대위권을 행사할 수 없다.

④ **물상보증인 부동산의 후순위권리자**: ③의 경우 甲이 Y토지에서 전액을 배당받은 경우, 丙은 X토지에 대하여 대위권을 행사할 수 있다.

PART 03

계약법

▶ 무료강의 및 기출OX

★★ 최근 5개년 4~5회 기출

★ 최근 5개년 2~3회 기출

POINT 40 계약의 성립

01 청약과 승낙에 의한 계약성립

① 서론

ⓐ 청약과 승낙의 객관적·주관적 합치에 따라 계약은 성립한다.

ⓑ 의사표시가 발송된 후 사망하거나 제한능력자가 되더라도 의사표시의 효력에 영향을 미치지 않는다.

② 청약

ⓐ **개념:** 승낙과 결합하여 계약을 성립시킬 것을 목적으로 하는 구체적·확정적 의사표시를 말한다.

ⓑ **구별개념 – 청약의 유인:** 하도급계약을 체결하려는 교섭당사자가 견적서를 제출하는 행위, 아파트 분양광고는 청약의 유인의 성질을 갖는 것이 일반적이다.

ⓒ **상대방:** 불특정 다수에 대한 청약도 효력이 있다.

ⓓ **효력:** 청약은 대화자든 격지자든 상대방에게 도달하면 효력이 발생한다.

ⓔ **청약의 구속력:** 청약의 도달로 효력이 발생한 후에는 철회할 수 없다.

③ 승낙

ⓐ **상대방:** 불특정 다수에 대한 승낙은 효력이 없다.

ⓑ **효력:** 격지자 사이에서는 승낙을 발송한 때 효력이 발생한다 (발신주의 규정).

ⓒ 승낙의 여부를 결정하는 것은 승낙자의 자유이며, 이에 관하여 회답할 의무는 없다.

ⓔ 조건을 붙이거나 변경을 가하여 승낙한 때에는 청약의 거절과 동시에 새로 청약한 것으로 본다.

ⓜ 연착된 승낙

- **통상연착**: 계약은 성립하지 않으나 청약자가 이를 새로운 청약 으로 볼 수 있다.
- **사고연착**: 연착된 승낙이라 하더라도 보통 승낙기간 내에 도 달할 수 있는 발송인 때에는 청약자는 지체없이 승낙자에게 연착의 통지를 하여야 하는데, 이를 하지 않은 경우에는 연착 되지 않은 것으로 다루어진다.

02 의사실현에 의한 계약성립

승낙의 의사표시로 인정되는 사실이 있는 때 계약은 성립한다.

03 교차청약에 의한 계약성립

양 청약이 상대방에게 도달한 때 계약은 성립한다. 나중된 청약이 도 달한 때 계약은 성립한다.

甲이 乙에게 물건을 매도하겠다는 뜻과 승낙의 기간을 10월 30일로 하는 내용의 서면을 발송하여 乙에게 도달하였다.

① 甲은 청약을 임의로 철회할 수 없다.

② 乙이 10월 25일에 승낙통지를 발송하여 10월 27일에 도달한 경우, 계약은 10월 25일에 성립한다.

③ 乙이 10월 29일에 승낙통지를 발송하여 10월 31일에 도달한 경우, 甲이 승낙을 하면 계약은 성립한다.

④ 乙이 10월 20일에 승낙통지를 발송하여 10월 31일에 도달한 경우, 甲이 乙에게 연착통지를 하지 않으면 계약은 10월 20일에 성립한다.

POINT 41 계약체결상의 과실책임

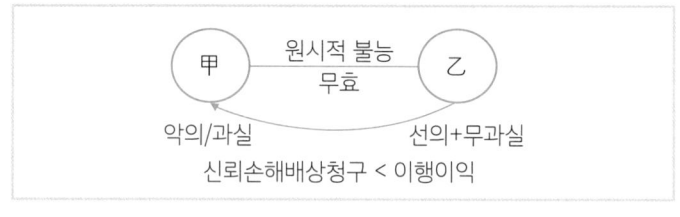

01 요건

① 원시적 전부불능으로 인하여 그 계약이 무효이어야 한다.
② 이행하여야 할 자가 그 이행의 불능을 알았거나 알 수 있었어야 한다.
③ 상대방은 그 원시적 불능에 대하여 선의이고 무과실이어야 한다.

02 효과

① 상대방이 그 계약의 유효를 믿었기 때문에 받은 손해를 배상하여야 한다(신뢰손해).
② 그러나 그 손해액은 계약이 유효함으로 인하여 생길 이익액을 넘지 못한다(이행이익).

POINT 42 위험부담

01 서론

① 쌍무계약에 있어서 일방의 채무가 채무자의 책임 없는 사유로 후발적 불능이 된 경우의 문제이다.

② 채무자의 책임 있는 사유로 후발적 불능이 발생한 경우에는 채무불이행(이행불능)에 해당한다. 이 경우, 위험부담은 적용되지 않고 채권자는 최고 없이 계약을 해제할 수 있다.

③ 위험부담을 규정한 민법 제537조, 제538조는 임의규정이다.

02 원칙 - 채무자 위험부담주의(제537조)

① 쌍방의 책임 없는 사유로 후발적 불능이 된 경우이다(자연재해).

② 쌍방은 채무를 면하게 된다.

③ 채무자는 채권자를 상대로 이행을 청구할 수 없다.

④ 이미 이행된 급부가 있다면 부당이득으로 반환할 의무가 있다.

03 예외 - 채권자 위험부담주의(제538조)

① 후발적 불능에 관하여 채권자에게 귀책사유가 있거나, 채권자의 수령지체 중 쌍방의 책임 없는 사유로 불능이 된 경우이다.

② 채무자만 채무를 면하게 된다.

③ 채무자는 채권자를 상대로 이행을 청구할 수 있다.

④ 채무자는 자기의 채무를 면함으로 이익을 얻은 때에는 이를 채권자에게 상환해야 한다.

<u>04</u> 대상청구권

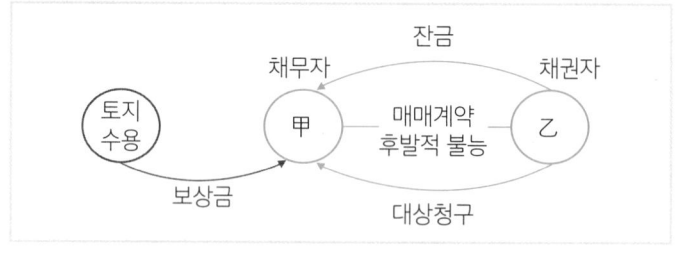

---

① **개념:** 채무이행이 후발적 불능으로 되는 결과, 채무자가 이행의 목적물에 대신하는 이익을 취득하는 경우, 채권자가 그 이익을 청구할 수 있는 권리이다.

② 위 이익은 수용보상금, 보험금, 손해배상금이 있다.

③ 채권자가 대상청구권을 행사하기 위해서는 자신의 반대급부를 제공하여야 한다.

POINT 43 동시이행의 항변권

01 성립요건

① 쌍무계약일 것(이행상의 견련성)

  ㉠ 동시이행관계에 있는 쌍방의 채무가 채권양도·채무인수 등으로 당사자가 변경되더라도 채무의 동일성이 유지되는 한 동시이행항변권은 존속한다.

  ㉡ 동시이행관계에 있는 쌍방의 채무 중 어느 한 채무가 이행불능이 됨으로 인하여 발생한 손해배상채무도 여전히 다른 채무와 동시이행의 관계에 있다(대판 2000.2.25, 97다30066).

② 상대방의 채무가 변제기에 도래할 것

  ㉠ **원칙:** 선이행의무자는 동시이행의 항변권을 행사할 수 없다.

  ㉡ 예외

    선이행의무자도 동시이행의 항변권을 행사할 수 있다.

    • **불안의 항변권:** 상대방의 채무이행이 곤란할 현저한 사유가 있는 경우에는 동시이행의 항변권을 행사할 수 있다.

    • 중도금을 지체하던 중 잔금지급일이 도래한 경우, 쌍방의 의무는 동시이행관계가 된다.

③ **상대방이 채무를 이행하지 않고, 이행을 청구할 것:** 쌍무계약의 당사자 일방이 먼저 한 번 현실의 제공을 하고 상대방을 수령지체에 빠지게 하였다 하더라도, 그 이행의 제공이 계속되지 않는 경우는 상대방이 가진 동시이행의 항변권이 존속한다(대판 1972.11.14, 72다1513).

<u>02</u> 효력

① 소송 전 효력
  ㉠ 이행지체의 책임을 지지 않는다.
  ㉡ 동시이행의 항변권이 존재하는 중이므로 이를 주장하지 않아도 된다.

② 소송 후 효력
  ㉠ 동시이행의 항변권은 법원이 직권으로 고려할 사항이 아니므로, 소송 후에는 당사자가 이를 주장하여야 한다.
  ㉡ 동시이행의 항변권이 원용되면 법원은 상환이행판결(원고일부 승소판결)을 내린다.

<u>03</u> 관련 사례

① 동시이행관계가 인정되는 경우
  ㉠ 매매계약이 체결된 경우, 매도인의 소유권이전등기의무와 매수인의 잔대금지급의무
  ㉡ 해제 · 취소 · 무효로 인한 당사자 상호간의 원상회복 · 부당이득 반환의무
  ㉢ 임대차 종료시 보증금반환의무와 임차물반환의무
  ㉣ 구분소유적 공유관계가 해소되는 경우에 공유지분권자 상호간의 지분이전등기의무
  ㉤ 가등기담보에 있어 채권자의 청산금지급의무와 채무자의 목적 부동산에 대한 본등기 및 인도의무

② 동시이행관계가 부정되는 경우

ㄱ 채무자의 변제의무와 채권자의 담보권등기(저당권·가등기담보권·양도담보권)의 말소의무

ㄴ 임차권등기명령에 의해 등기된 임차권등기말소의무와 보증금반환의무

ㄷ 매도인의 토지거래허가신청절차에 협력할 의무와 매수인의 매매대금지급의무

ㄹ 근저당권 실행을 위한 경매가 무효인 경우, 낙찰자의 채무자에 대한 소유권이전등기말소의무와 근저당권자의 낙찰자에 대한 배당금반환의무

POINT 44 제3자를 위한 계약 ★★

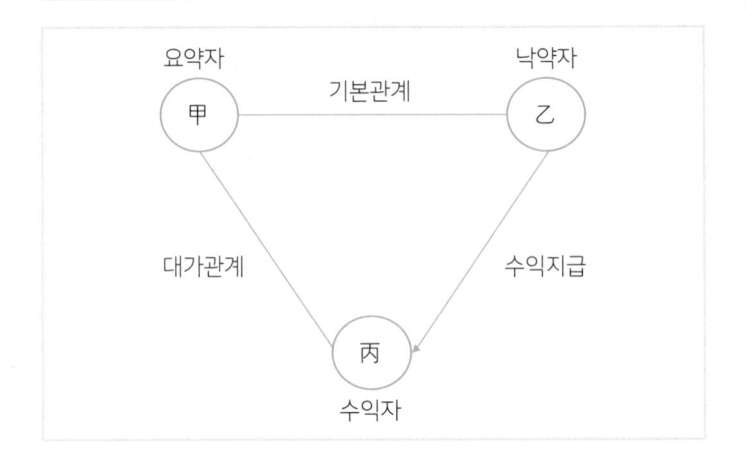

01 서론

① **개념**: 매도인 甲과 매수인 乙이 계약을 체결하면서 매수인 乙이 대금을 丙에게 지급하기로 하는 계약이다[甲: 요약자, 乙: 낙약자, 丙: 제3자(수익자)].

② 병존적 채무인수는 제3자를 위한 계약이고 면책적 채무인수는 제3자를 위한 계약이 아니다.

③ 계약당사자가 제3자에 대하여 가진 채권에 관하여 그 채무를 면제하는 계약도 제3자를 위한 계약에 준하는 것으로서 유효하다.

02 계약에 기한 항변권

① **기본관계(보상관계)** - 요약자와 낙약자의 관계
- 기본관계가 무효가 되면 제3자의 권리는 소멸한다.
- 요약자는 기본관계에 기한 항변으로 낙약자에게 대항할 수 있다.
- 낙약자는 기본관계에 기한 항변으로 제3자에게 대항할 수 있다.

② **대가관계** - 요약자와 제3자의 관계
- 대가관계가 무효가 되어도, 제3자의 권리는 소멸하지 않는다.
- 요약자는 대가관계에 기한 항변으로는 낙약자에게 대항할 수 없다.
- 낙약자는 대가관계에 기한 항변으로는 제3자에게 대항할 수 없다.

03 제3자의 수익표시

① **수익표시 전**
- 제3자가 하는 수익표시의 상대방은 낙약자이며, 수익표시를 하면 낙약자에 대한 대금지급청구권을 확정적으로 취득한다.
- 따라서 제3자의 수익표시는 계약의 성립요건이 아니라, 권리의 발생요건이다.
- 낙약자가 상당기간을 정하여 제3자에게 수익여부의 확답을 최고하였으나 그 기간 내에 확답을 받지 못하면, 수익을 거절한 것으로 본다.

② 수익표시 후

- 제3자의 수익표시 후에는 요약자와 낙약자의 합의에 의해 제3자의 권리를 변경 · 소멸시킬 수 없다.
- 제3자의 수익표시 후에는 요약자와 낙약자가 합의해제를 할 수 없고, 설령 합의해제를 하더라도 제3자의 권리에는 영향이 없다.
- 그러나 취소권의 행사나 해제권의 행사에 제한이 있는 것은 아니다.

<u>04</u> 낙약자의 채무불이행이 있는 경우

① 요약자에게 해제권 · 원상회복청구권, 취소권 · 부당이득반환청구권이 있다.
② 제3자는 당사자가 아니므로 해제권 · 원상회복청구권, 취소권 · 부당이득반환청구권을 행사할 수 없다.
③ 그러나 낙약자의 채무불이행으로 제3자에게 손해가 생긴 경우라면, 손해배상을 청구할 수는 있다.

<u>05</u> 청산문제(당사자끼리 해결!)

낙약자가 제3자에게 대금을 지급한 후 계약이 해제된 경우, 낙약자는 제3자에게 대금의 반환을 청구할 수 없다.

POINT 45 계약의 해제 ★★

01 채무불이행(법정해제 원인)

① 이행지체
- ⊙ **개념**: 이행을 할 수 있음에도 하지 않는 것
- ⓒ **원칙**: 최고하고 계약을 해제할 수 있다.
- ⓒ **예외**: 정기행위, 미리거절의 경우에는 최고 없이 계약을 해제할 수 있다.

② 이행불능
- ⊙ **개념**: 채무자의 귀책으로 이행이 불가능하게 된 것
- ⓒ 이행불능의 경우에는 최고 없이, 반대급부를 제공할 필요 없이, 이행기까지 기다릴 필요 없이 계약을 해제할 수 있다.

02 해제권의 행사

① **형성권**: 상대방에 대한 일방적인 의사표시로 한다.
② 해제의 의사표시는 철회할 수 없다.
③ 불가분성
- ⊙ **행사상의 불가분성**: 해제권 행사는 전원으로부터 또는 전원에 대하여 하여야 한다.
- ⓒ **소멸상의 불가분성**: 해제권자가 수인인 경우, 1인의 해제권이 소멸하면 다른 자의 해제권도 소멸한다.

<u>03</u> 해제의 효과

① **소급효**: 매매계약이 해제되면 매수인이 가졌던 소유권은 매도인에게로 자동복귀한다.

② 원상회복의무

ⓐ 이익의 현존여부나 선의·악의를 불문하고 받은 급부 전부를 반환한다.

ⓑ 금전에는 이자를 붙여서, 물건에는 과실을 붙여서 반환해야 한다.

③ **손해배상청구**: 계약의 해지 또는 해제는 손해배상의 청구에 영향을 미치지 않는다.

④ 제3자의 보호

ⓐ 해제의 소급효는 제3자의 권리를 해하지 못한다.

ⓑ 보호받는 제3자는 해제된 계약으로부터 생긴 법률효과를 기초로 하여 새로운 이해관계를 가졌을 뿐 아니라 등기나 인도를 통해서 완전한 권리를 취득한 자를 말한다.

ⓒ **제3자 범위 확대이론**: 계약해제 후 말소등기 전에 계약해제 사실을 모르고 매매한 제3자는 유효하게 소유권을 취득한다.

ⓓ 보호받는 제3자에 해당하는 경우

• 계약해제 전 목적물에 대하여 소유권이전등기, 저당권설정등기를 경료한 자

• 계약해제 전 목적물을 매수하여 그에 기한 소유권이전청구권 보전을 위한 가등기를 마친 자

• 계약해제 전 부동산을 가압류 집행한 자

• 계약해제 전 목적물을 임차하여 대항력을 갖춘 임차인

◎ 보호받는 제3자에 해당하지 않는 경우
- 매매대금채권의 양수인
- 계약해제 전 그 계약상의 채권을 압류한 자
- 계약해제 전 계약상 채권을 양수하고 이를 피보전권리로 하여 처분금지가처분결정을 받은 자
- 토지매매의 해제에 있어서 토지 위에 신축된 건물의 매수인
- 제3자를 위한 계약에서의 수익자

04 **구별개념 - 합의해제(해제계약)**

① **개념**: 계약당사자의 합의를 통해 기존계약을 소멸시키는 새로운 계약을 말한다.

② 합의해제는 계약이므로 이는 당사자의 합의에 따라 그 내용이 결정되는 것이고 해제와 관련된 민법 제543조~제553조의 규정은 적용되지 않는다.

③ 따라서 합의해제의 경우에는 반환할 금전에 그 받은 날로부터의 이자를 가산할 의무가 없고, 손해배상을 청구할 수 없다.

④ 그러나 소급효와 제3자 보호규정은 해제와 동일하게 적용된다.

POINT 46 계약금

01 계약금계약의 성질

① 요물계약
- 계약금계약은 금전 기타 유가물의 교부를 요건으로 하므로 요물계약이다.
- 따라서 계약금의 일부를 먼저 지급한 경우, 계약금계약은 성립하지 않은 것이다.
- 위 경우, 계약금계약이 성립한 것으로 약정했더라도 해약금의 기준이 되는 금원은 약정 계약금이라고 봄이 타당하다.

② 종된 계약
- 주된 계약에 부수하여 이루어지는 종된 계약이다.
- 따라서 주된 매매계약이 무효가 된 경우, 계약금계약도 무효가 된다.

02 계약금의 기능

구분	내용
증약금	계약체결의 증거로서의 의미
위약금	계약금을 위약금으로 한다는 약정이 있는 경우에만 위약금의 성질을 가지며, 이 경우 계약금은 손해배상액의 예정으로 추정
해약금	해제권을 유보하는 기능을 하며, 특별한 약정이 없는 경우 계약금은 해약금으로 추정

03 해약금해제의 방법(제565조)

① 교부자는 계약금을 포기, 수령자는 계약금의 배액을 상환하여 계약을 해제할 수 있다.

② 계약금수령자는 계약해제 의사표시 외에 계약금의 배액을 제공하여야 한다.

③ 위 경우, 상대방이 이를 수령하지 않는다하여 공탁할 필요는 없다.

④ 해약금을 규정한 제565조는 임의규정이다. 따라서 당사자의 특약으로 그 내용을 배제할 수 있다.

04 해약금해제의 시기 - 일방의 이행착수 전

① 매수인이 중도금을 지급한 경우 이행의 착수에 해당한다.

② 중도금을 미리 지급하거나, 중도금을 일부 지급한 경우도 이행의 착수에 해당한다.

③ 이행착수에 해당하지 않는 경우
- 토지거래허가를 신청한 것, 허가를 얻은 것은 이행의 착수가 아니다.
- 이행청구소송을 제기한 것, 승소판결을 받은 것은 이행의 착수가 아니다.

05 해약금해제의 효과

① 해약금해제의 경우 이행착수 전에 해제가 된 것이므로 원상회복의
   무가 없다.

② 해약금해제는 그 원인이 채무불이행은 아니므로 손해배상을 청구
   할 수 없다.

POINT 47 매도인의 담보책임 ★★

01 개념 및 성질

① **개념**: 매매목적물에 대한 권리나 물건에 하자가 있는 경우, 매도인 이 매수인에 대하여 부담하는 책임을 말한다.

② 법정·무과실책임이다.

   ⊙ 매도인은 고의·과실이 없어도 책임을 져야 한다.

   ⓒ 담보책임이 성립하는 경우, 매도인은 전적인 책임을 부담하므 로 과실상계는 허용되지 않는다.

   ⓒ 그러나 매수인이 하자의 발생 및 확대에 가공을 한 경우, 매수 인의 잘못을 참작하여 손해배상범위를 정할 수 있다.

③ 유상계약에 준용된다. 따라서, 매매 뿐만 아니라 교환, 임대차에도 담보책임이 적용된다.

④ 임의규정이다.

   ⊙ 담보책임을 배제·감경·가중하는 특약은 유효이다.

   ⓒ 그러나 매도인이 하자가 있다는 사실을 알면서 이를 매수인에 게 고지하지 않고 담보책임면제특약을 맺은 경우에는 그 책임 을 면할 수 없다.

① 전부타인권리 매매
  ㉠ 매수인은 선의·악의를 불문하고 해제할 수 있다.
  ㉡ 매수인은 선의인 경우에 한하여 손해배상을 청구할 수 있다.
  ㉢ **제척기간**: 없다.

② 일부타인권리 매매
  ㉠ 매수인은 선의·악의를 불문하고 대금감액을 청구할 수 있다.
  ㉡ 선의의 매수인은 목적을 달성할 수 없는 경우, 계약 전부를 해제할 수 있다.
  ㉢ 선의의 매수인은 감액청구 또는 계약해제 외에 손해배상을 청구할 수 있다.
  ㉣ **제척기간**: 1년(선의: 안 날로부터, 악의: 계약일로부터)

③ 수량부족·일부멸실
  ㉠ 목적달성이 가능하다면 선의의 매수인은 대금감액을 청구할 수 있다.
  ㉡ 목적달성이 불가능하다면 선의의 매수인은 계약을 해제할 수 있다.
  ㉢ 선의의 매수인은 감액청구 또는 계약해제 외에 손해배상을 청구할 수 있다.
  ㉣ **제척기간**: 안 날로부터 1년
  ㉤ 수량부족에서 미달부분의 원시적 불능을 이유로 계약체결상의 과실책임을 물을 수 없다.

④ 용익권에 의한 제한

    ⊙ 목적달성이 불가능하다면 선의의 매수인은 계약을 해제할 수 있다.

    ⓒ 목적달성이 가능하다면 선의의 매수인은 손해배상을 청구할 수 있다.

    ⓒ **제척기간**: 안 날로부터 1년

⑤ 저당권·전세권의 실행(제576조)

    ⊙ 저당권이 설정되어 있다는 사실만으로는 담보책임을 물을 수 없다.

    ⓒ 매수인이 피담보채무의 이행을 인수하면서 채무액을 대금에서 공제하였다면, 저당권의 실행으로 매수인이 소유권을 상실하더라도 매도인에게 담보책임을 추궁할 수 없다.

    ⓒ 저당권(전세권)의 실행으로 인하여 소유권을 취득할 수 없거나 취득한 소유권을 상실한 경우, 매수인은 선의·악의를 불문하고 해제와 손해배상청구를 할 수 있다.

    ⓔ 가등기에 기한 본등기가 마쳐짐으로 소유권을 취득할 수 없거나 취득한 소유권을 상실한 경우, 제576조가 준용된다.

03 담보책임의 내용 - 물건의 하자

① **목적을 달성할 수 없는 중대한 하자**: 선의·무과실의 매수인은 해제권과 손해배상청구권을 행사할 수 있다.

② **목적을 달성할 수 있는 경미한 하자**: 선의·무과실의 매수인은 해제는 할 수 없고, 손해배상청구권을 행사할 수 있다.

③ **종류물**: 종류물의 경우에는 선의·무과실의 매수인은 해제, 손해배상청구권을 행사하지 않고 하자 없는 물건을 청구할 수 있다(완전물의 청구).

④ **판단시점**: 계약 성립 당시

⑤ **제척기간**: 안 날로부터 6개월

⑥ 목적물의 법률적 장애는 물건의 하자에 해당한다.

구분	해제권	손배청구	감액청구	제척기간
전부타인	선악불문	선의	–	×
일부타인	선의	선의	선악불문	1년
수량부족	선의	선의	선의	1년
용익제한	선의	선의	–	1년
저당실행	선악불문	선악불문	–	×
특정물	선의무과실	선의무과실	–	6개월
종류물	선의무과실	선의무과실	–	6개월

① 요건

　㉠ 권리의 하자에만 적용된다.

　㉡ 경매절차가 유효여야 한다.

　　• 경매가 무효라면 담보책임은 적용되지 않는다.

　　• 위 경우, 경락인은 채권자를 상대로 배당금에 대한 부당이득 반환청구를 할 수 있을 뿐, 담보책임에 의한 손해배상을 청구할 수는 없다.

② 내용

　㉠ 해제권 · 대금감액청구권

　　• 경락인은 1차적으로 채무자에게 해제 또는 대금감액의 청구를 할 수 있다.

　　• 위 경우, 채무자에게 자력이 없는 경우, 2차적으로 배당을 받은 채권자에게 대금의 반환을 청구할 수 있다.

　㉡ 손해배상청구권

　　• **원칙**: 손해배상을 청구할 수 없다.

　　• **예외**: 채무자가 하자를 알고 고지하지 않거나 채권자가 이를 알고 경매를 청구한 때에는 경락인이 채무자나 채권자에 대하여 손해배상을 청구할 수 있다.

POINT 48 환매 ★

01 개념

① 매도인이 매매계약과 동시에 환매할 권리를 보류한 때에는 그 영수한 대금 및 매수인이 부담한 매매비용을 반환하고 그 목적물을 환매할 수 있다.

② 환매권도 재산권이므로 양도·상속이 가능하며, 채권자대위권의 객체가 된다.

③ 환매등기는 소유권이전등기에 대한 부기등기의 형식으로 한다.

02 환매기간

① 부동산은 5년, 동산은 3년을 넘지 못한다.

② 약정기간이 이를 넘은 때에는 위 기간으로 단축되며, 환매기간을 정하지 않은 때에는 위 기간으로 한다.

③ 환매기간을 정한 때에는 이를 연장할 수 없다.

03 효력

① 목적물의 과실과 대금의 이자는 상계한 것으로 본다.

② 매매등기와 동시에 환매권의 보류를 등기한 때에는 제3자에 대하여 그 효력이 있다.

③ 환매특약의 등기는 처분금지효력이 없다. 따라서 甲의 환매등기 후 丙이 乙로부터 토지를 매수하였다면, 乙은 환매등기를 이유로 丙의 토지에 대한 소유권이전등기청구를 거절할 수 없다.

④ 환매권이 행사되면 환매등기 후에 설정되었던 제한물권은 소멸한다.

POINT 49 교환 ★★

01 개념

① 교환은 당사자 쌍방이 금전 이외의 재산권을 상호 이전할 것을 약정함으로써 성립하는 계약이다.

② 재산의 가액에 차이가 있는 경우 보충금을 약정할 수 있다. 보충금에 대하여는 매매대금에 관한 규정을 준용한다.

02 효력

① 유상계약이므로 담보책임의 법리가 적용된다.

② 쌍무계약이므로 동시이행항변권, 위험부담의 법리가 적용된다.

POINT 50 민법상 임대차

01 개념 및 성립

① 임대차는 당사자 일방이 상대방에게 목적물을 사용·수익하게 할 것을 약정하고 상대방이 이에 대하여 차임을 지급할 것을 약정함으로써 성립하는 쌍무·유상·낙성·불요식계약이다.

② 임대차는 채권계약이므로 임대인이 반드시 처분권한을 가질 것을 요하지 않는다.

02 차임

① 성질

ㄱ 차임은 임대차의 필수요소이다.

ㄴ 차임은 반드시 금전일 필요 없다.

② 관련 조문 및 판례

ㄱ **공동차주의 연대의무(제616조)**: 수인이 공동하여 물건을 차용한 때에는 연대하여 그 의무를 부담한다.

ㄴ 차임연체와 해지(제640조)

- 임차인의 차임연체액이 2기의 차임에 달하는 때에는 임대인은 계약을 해지할 수 있다.

- 연체차임액이 1기의 차임액에 이르면 임대인이 차임연체로 해지할 수 있다는 약정은 임차인에게 불리한 것이므로 무효이다.

③ **일부멸실 등과 감액청구(제627조):** 임차물의 일부가 임차인의 과실 없이 멸실 기타 사유로 인하여 사용·수익할 수 없는 때에는 임차인은 그 부분의 비율에 의한 차임의 감액을 청구할 수 있다.

④ 차임증감청구권(제628조)

ⓐ 경제사정의 변동으로 인하여 약정한 차임이 상당하지 아니하게 된 때에는 당사자는 장래에 대한 차임의 증감을 청구할 수 있다.

ⓑ 위 경우, 임대인이 차임의 증액을 청구하였을 때 당사자 사이에 협의가 성립되지 아니하여 법원이 결정해 주는 차임은 증액청구의 의사표시를 한 때에 효력이 생긴다(대판 2018.3.15, 2015다239508, 239515). 이는 증액된 차임의 지연손해금도 마찬가지다.

---

03 대항력

① **원칙:** 임차권은 채권이므로 계약의 당사자에게만 주장할 수 있고 제3자에 대하여는 주장할 수 없다.

② 대항력 취득방법

ⓐ 임대차의 등기

- 부동산임차인은 당사자간에 반대약정이 없으면 임대인에 대하여 그 임대차등기절차에 협력할 것을 청구할 수 있다.

- 임차권을 등기한 때에는 그때부터 제3자에 대하여 효력이 생긴다.

ⓑ **건물등기있는 차지권의 대항력:** 건물의 소유를 목적으로 한 토지임대차는 이를 등기하지 않더라도 임차인이 그 지상건물을 등기한 때에는 제3자에 대하여 임대차의 효력이 생긴다.

---

① 비용상환청구권(제626조) - 임의규정

    ㉠ **필요비**: 임차인이 임차물의 보존에 관한 필요비를 지출한 때에는 즉시 상환을 청구할 수 있다.

    ㉡ **유익비**: 임차인이 지출한 유익비는 임대차 종료시 가액의 증가가 현존한 경우에 그 지출금액 또는 그 증가액을 임대인의 선택에 따라 청구할 수 있다.

    ㉢ 음식점을 경영하기 위하여 부착시킨 시설물에 불과한 간판은 건물의 객관적 가치를 증가시키기 위한 것이 아니므로 간판설치비를 유익비라 할 수 없다(대판 1994.9.30, 94다20389).

    ㉣ **행사기간**: 임대인이 목적물을 반환받은 날로부터 6개월 내에 필요비와 유익비의 상환을 청구하여야 한다.

② **부속물매수청구권 (제646조)** - 강행규정, 형성권

    ㉠ 건물 기타 공작물의 임차인이 행사할 수 있다.

    ㉡ 요건

        • 임차인 소유의 독립한 물건일 것

        • 임대인의 동의를 얻어 부속한 물건 또는 임대인으로부터 매수한 물건일 것

ⓒ 제한
- 임차인의 채무불이행을 이유로 임대차가 해지된 경우에는 매수청구를 할 수 없다.
- 일시사용을 위한 것임이 명백한 임대차에서는 매수청구를 할 수 없다.
- 부속된 물건이 오로지 임차인의 특수목적에 사용하기 위한 것이라면 매수청구를 할 수 없다.

③ **지상물매수청구권 (제643조)** - 강행규정, 형성권
ⓐ 토지임차인이 행사할 수 있다.
ⓑ 요건
- 임대차기간이 만료되었고 지상물이 현존할 것
- 1차적으로 임대인에게 갱신청구를 하였고 임대인이 이를 거절할 것
ⓒ 등기 · 허가 · 임대인의 동의 · 경제적 가치 · 근저당권 설정여부를 따지지 않고 매수청구가 허용된다.
ⓓ 청구권자
- 지상물의 소유자가 행사할 수 있다.
- 임차인이 지상물의 소유권을 타인에게 이전한 경우, 임차인은 매수청구권을 행사할 수 없다.
ⓔ 상대방
- 원칙적으로 임차권 소멸 당시 토지소유자인 임대인에게 행사할 수 있다.
- 임차인이 대항력을 갖춘 경우, 임차권 소멸 후 토지를 양수한 자에 대하여도 매수청구권을 행사할 수 있다.

ⓑ 제한

- 임차인의 채무불이행을 이유로 임대차가 해지된 경우에는 갱신청구도, 매수청구도 할 수 없다.

- 일시사용을 위한 것임이 명백한 임대차에서는 매수청구를 할 수 없다.

- 임차인 소유 건물이 임대인이 임대한 토지 외에 임차인 또는 제3자 소유의 토지 위에 걸쳐서 건립되어 있는 경우에는 건물 전체에 대한 매수청구는 할 수 없다.

POINT 51 임차권의 양도 · 전대 ★

01 개념

① **임차권 양도**: 임차인이 임차권을 제3자에게 이전하는 것이다. 이로써 임차인은 임대차관계에서 탈퇴한다.

② **전대**: 임차인이 제3자에게 목적물을 사용 · 수익하게 하는 채권계약이다. 전대의 경우는 임차인의 지위를 그대로 유지한다.

02 무단양도 · 무단전대의 금지

① 원칙
  • 임차인은 임대인의 동의 없이 그 권리를 양도하거나 임차물을 전대하지 못한다.
  • 임차인이 이에 위반한 때에는 임대인은 계약을 해지할 수 있다.

② **예외**: 임차인의 행위가 임대인에 대한 배신적 행위라고 인정할 수 없는 특별한 사정이 있는 경우에는 임대인의 해지권이 발생하지 않는다(부부, 소부분).

③ 임대인의 동의
  • 임대인의 동의가 없더라도 임차권양도 · 전대의 당사자 사이에서는 유효이므로 임대인의 동의는 임차권양도 · 전대의 효력발생요건이 아니다.
  • 임대인의 동의가 없으면 임차권양도 · 전대의 효력을 임대인에게 주장할 수 없으므로 임대인의 동의는 임차권양도 · 전대의 대항요건이다.

① 임대인과 전차인 사이에 임대차관계가 성립하는 것은 아니다.

② 전차인은 임대인에 대한 관계에서 의무는 부담하나 권리는 갖지 못한다.

③ 전차인은 직접 임대인에 대해 의무를 부담하므로 전차인이 전대인에게 차임을 지급한 경우, 이로써 임대인에게 대항하지 못한다.

④ 위 경우, 임대인에게 대항할 수 없는 차임의 범위는 전대차계약상의 차임지급일 전을 의미한다(대판 2008.3.27, 2006다45459).

⑤ 전차인의 보호를 위한 특별규정

• 임대인과 임차인의 합의로 임대차계약을 종료한 때에는 전차인의 권리는 소멸하지 않는다.

• 임대차계약이 해지통고로 인하여 종료된 경우에 임대인은 전차인에 대하여 그 사유를 통지하지 않으면 해지로써 전차인에게 대항하지 못한다.

• 그러나 임차인의 차임연체액이 2기의 차임액에 달함에 따라 임대인이 임대차계약을 해지하는 경우에는 전차인에 대하여 그 사유를 통지하지 않더라도 해지로써 전차인에게 대항할 수 있다(대판 2012.10.11, 2012다55860).

<u>04</u> **임대인의 동의 없는 임차권 양도** - 무단양도

① 임대인의 동의를 얻지 않더라도 당사자 사이에는 유효이다.

② 양도인은 임대인의 동의를 얻을 의무를 양수인에 대하여 부담한다.

③ 양수인의 점유는 불법점유에 해당하므로 임대인은 이에 대하여 물권적 반환청구권을 행사할 수 있다.

<u>05</u> **임대인의 동의 없는 전대** - 무단전대

① 임대인의 동의를 얻지 않더라도 당사자 사이에는 유효이다.

② 전대인은 임대인의 동의를 얻을 의무를 전차인에 대하여 부담한다.

③ 임대인의 무단전차인에 대한 물권적 반환청구권

- 임대인은 무단전차인에 대하여 소유권에 기한 물권적 반환청구권을 행사할 수 있다.

- 무단전대차가 점유의 침탈은 아니므로, 임대인은 무단전차인에 대하여 점유물반환청구권을 행사할 수 없다.

④ 임대인의 무단전차인에 대한 부당이득반환청구권, 손해배상청구권

- 임대차 해지 전에는 임차인에게 차임을 받고 있으므로 임대인은 전차인에게 위 청구권을 행사할 수 없다.

- 임대차 해지 후에는 임대인은 전차인에게 직접 위 청구권을 행사할 수 있다.

PART
04

민사특별법

▶ 무료강의 및 기출OX

POINT 52 주택임대차보호법

01 적용범위

① 주거용 건물의 전부 또는 일부의 임대차에 적용된다.

② 주거용 건물에 해당하는지 여부는 실지 용도에 따라서 정한다.

③ 미등기 · 무허가 주택의 임대차에도 적용된다.

④ 일시사용임이 명백한 임대차에는 적용되지 않는다.

02 대항력

① 요건

　㉠ 임차인이 주택의 인도와 주민등록을 마치면 그 다음 날 오전 0시부터 제3자에 대하여 효력이 생긴다.

　㉡ 인도

　　• 인도는 주택에 대한 점유를 말한다.

　　• 위 경우, 임차인은 직접점유뿐 아니라 간접점유하는 모습으로도 대항력을 유지할 수 있다.

　　• 다만, 임차인이 간접점유하는 경우에는 직접점유자인 전차인이 주택을 인도받아 자신의 주민등록을 마친 때에는 그때로부터 임차인은 제3자에 대하여 대항력을 취득한다.

　㉢ 주민등록

　　• 효력발생시기: 주민등록의 신고는 행정청이 수리한 경우에 비로소 신고의 효력이 발생한다.

- 주민등록은 대항력 취득시뿐만 아니라 대항력을 유지하기 위해서도 계속 존속하고 있어야 한다.
- 주민등록은 임차인 본인뿐 아니라, 그 배우자·자녀 등 가족의 주민등록을 포함한다.
- 공동주택(아파트, 연립, 다세대)은 지번뿐 아니라 동·호수까지 정확히 기재해야 하나 다가구용 단독주택은 지번만 기재하는 것으로 충분하다.
- 전입신고를 마친 주택소유자가 그 주택을 타인에게 매도함과 동시에 이를 임차하여 임차인으로서 거주하는 경우에는 매수인에게 소유권이전등기를 경료한 다음 날부터 임차인으로 대항력을 가진다.

② 내용
  ㉠ 주택의 양수인은 임대인의 지위를 승계한다.

  ㉡ 위 경우, 주택의 양수인은 임대차보증금반환채무를 면책적으로 인수하고, 양도인은 임대차관계에서 탈퇴하여 임차인에 대한 보증금반환채무를 면하게 된다.

  ㉢ 다만, 이미 발생한 연체차임채권은 따로 채권양도의 요건을 갖추지 않는 한 양수인에게 승계되지 않는다(대판 2008.10.9, 2008다3022).

  ㉣ 임차인이 임대인의 지위승계를 원하지 않는 경우에는 임차인이 이의를 제기함으로써 승계되는 임대차관계의 구속으로부터 벗어날 수 있으며, 이러한 경우 주택의 양수인은 임대인의 지위를 승계하지 않는다.

① 우선변제권

　　㉠ 대항요건과 확정일자를 갖춘 임차인은 임차주택과 대지의 환가대금에서 우선하여 보증금을 변제받을 권리가 있다.

　　㉡ 대지의 환가대금

　　　• 우선변제권은 대지의 환가대금에도 미친다.

　　　• 위 경우, 건물과 대지가 함께 경매되는 경우뿐만 아니라 주택과 별도로 대지만이 경매될 경우에도 우선변제를 받을 수 있다.

　　㉢ **배당요구채권**: 임차인은 배당요구를 하지 않으면 우선변제를 받지 못한다.

　　㉣ 임차인은 임차주택을 양수인에게 인도하지 않으면 주택의 환가대금에서 보증금을 수령할 수 없다.

　　㉤ **임차인이 전세권등기를 한 경우**: 주택임차인이 그 지위를 강화하고자 별도로 전세권설정등기를 마쳤더라도 대항요건을 상실하면 이미 취득했던 주택임대차보호법상의 대항력 및 우선변제권을 상실한다(대판 2007.6.28, 2004다69741).

② 보증금 중 일정액의 보호(소액임차인의 최우선변제권)

　　㉠ **개념**: 소액임차인을 보호하기 위하여 보증금 중 일정액에 대하여는 순위에 관계없이 우선배당을 받을 수 있는 제도를 말한다.

　　㉡ **요건**: 주택에 대한 경매신청의 등기 전에 대항요건(인도 + 주민등록)을 갖추어야 한다. 확정일자까지는 필요 없다.

　　㉢ 보증금 중 일정액의 범위와 기준은 주택가액(대지의 가액을 포함)의 2분의 1을 넘지 못한다.

③ 임차권등기명령제도

⊙ 임대차가 종료된 후 보증금을 반환받지 못한 임차인은 주택의 소재지를 관할하는 법원에 임차권등기명령을 신청할 수 있다.

ⓛ 임차권등기명령의 집행에 의한 임차권등기가 경료되면 임차인은 대항력 및 우선변제권을 취득한다.

ⓒ 위 경우, 임대인의 임대차보증금반환의무가 임차인의 임차권등기말소의무보다 먼저 이행되어야 할 의무이다.

ⓔ 임차인은 임차권등기명령의 신청과 그에 따른 임차권등기와 관련하여 든 비용을 임대인에게 청구할 수 있다.

ⓜ 임차권등기명령의 집행에 따른 임차권등기가 끝난 주택을 그이후에 임차한 임차인은 최우선변제를 받을 권리가 없다.

04 임대차기간

① 최단존속기간

⊙ 기간을 정하지 않거나 2년 미만으로 정한 임대차는 그 기간을 2년으로 본다. 다만, 임차인은 2년 미만으로 정한 기간이 유효함을 주장할 수 있다.

ⓛ 임대차기간이 끝난 경우에도 임차인이 보증금을 반환받을 때까지는 임대차관계가 존속되는 것으로 본다.

② 법정갱신(묵시적 갱신)

⊙ 임대인이 임차기간이 끝나기 6개월 전부터 2개월 전까지의 기간에 임차인에게 갱신거절의 통지를 하지 않은 경우, 그 기간이 끝난 때에 전 임대차와 동일한 조건으로 다시 임대차한 것으로 본다.

ⓒ 임대차의 존속기간은 2년으로 본다.

ⓒ 위 경우, 임차인은 언제든지 임대인에게 계약해지를 통지할 수 있으며, 3개월이 지나면 해지의 효력이 발생한다.

ⓔ 임차인이 2기의 차임액에 달하도록 연체한 경우, 법정갱신이 적용되지 않는다.

③ 계약갱신요구권

ⓐ **개념**: 임대인은 임차인이 임대차기간이 끝나기 6개월 전부터 2개월 전까지의 기간 이내에 계약갱신을 요구할 경우, 정당한 사유 없이 거절하지 못한다.

ⓑ 거절사유

다만, 다음 어느 하나에 해당하는 경우에는 갱신요구를 거절할 수 있다.

- 임차인이 2기의 차임액에 이르도록 연체한 경우
- 거짓이나 그 밖의 부정한 방법으로 임차한 경우
- 서로 합의하여 임대인이 상당한 보상을 제공한 경우
- 임차인이 임대인의 동의 없이 목적 주택의 전부 또는 일부를 전대한 경우
- 임차인이 주택을 고의나 중대한 과실로 파손한 경우
- 주택이 멸실되어 임대차의 목적을 달성하지 못할 경우
- 임대인이 주택의 전부 또는 대부분을 철거하거나 재건축하기 위하여 목적 주택의 점유를 회복할 필요가 있는 경우
- 임대인(임대인의 직계존속·직계비속을 포함)이 목적 주택에 실제 거주하려는 경우
- 그 밖에 임차인이 임차인으로서의 의무를 현저히 위반하거나 임대차를 계속하기 어려운 중대한 사유가 있는 경우

ⓒ 효과
- 갱신되는 임대차의 존속기간은 2년으로 본다.
- 임차인은 계약갱신요구권을 1회에 한하여 행사할 수 있다.

POINT 53 상가건물 임대차보호법

01 적용범위

① **대상건물**: 사업자등록의 대상이 되는 건물로서 영리를 목적으로 하는 임대차에 상가건물 임대차보호법이 적용된다.

② **환산보증금** - (보증금 + 차임 × 100)

　㉠ 상가건물 임대차보호법은 대통령령이 정하는 환산보증금액을 초과하는 임대차에 대하여는 적용하지 않는다.

　　• **서울특별시**: 9억원 이하

　　• **과밀억제권역 및 부산광역시**: 6억 9천만원 이하

　　• **광역시**: 5억 4천만원 이하

　　• **그 밖의 지역**: 3억 7천만원 이하

　㉡ 대항력, 계약갱신요구권, 권리금규정, 차임연체시 해지규정은 환산보증금액과 관계없이 모든 상가임대차에 적용된다.

　㉢ 환산보증금을 초과하는 상가임대차에서는 최단존속기간, 우선변제권, 임차권등기명령제도가 적용되지 않는다.

임대차기간

① 최단존속기간

    ㉠ 기간을 정하지 않거나 1년 미만으로 정한 임대차는 그 기간을 1년으로 본다. 다만, 임차인은 1년 미만으로 정한 기간이 유효함을 주장할 수 있다.

    ㉡ 임대차가 종료한 경우에도 임차인이 보증금을 돌려받을 때까지는 임대차관계는 존속하는 것으로 본다.

② 갱신요구권

    ㉠ **개념**: 임대인은 임차인이 기간이 만료되기 6개월 전부터 1개월 전까지 사이에 행하는 계약갱신요구에 대하여 정당한 사유 없이 거절하지 못한다.

    ㉡ 거절사유

    다만, 다음 어느 하나에 해당하는 경우에는 갱신요구를 거절할 수 있다.

- 임차인이 3기의 차임액에 이르도록 연체한 경우
- 거짓이나 그 밖의 부정한 방법으로 임차한 경우
- 임차인이 임대인의 동의 없이 목적 건물의 전부 또는 일부를 전대한 경우
- 임차인이 건물을 고의나 중대한 과실로 파손한 경우
- 건물이 멸실되어 임대차의 목적을 달성하지 못할 경우
- 임대인이 건물의 전부 또는 대부분을 철거하거나 재건축하기 위해 목적 건물의 점유회복이 필요한 경우

- 쌍방 합의하에 임대인이 상당한 보상을 제공한 경우
- 그 밖에 임차인이 임차인으로서의 의무를 현저히 위반하거나 임대차를 존속하기 어려운 중대한 사유가 있는 경우

ⓒ **범위**: 임차인의 계약갱신요구권은 최초의 임대차기간을 포함한 전체 임대차기간이 10년을 초과하지 않는 범위에서만 행사할 수 있다.

ⓔ 갱신되는 임대차는 전 임대차와 동일한 조건으로 다시 계약된 것으로 본다.

03 권리금

① 권리금 회수기회 방해금지

ⓐ 임대인은 임대차기간이 끝나기 6개월 전부터 임대차 종료시까지 다음 ⓐ~ⓓ 어느 하나에 해당하는 행위를 함으로써 권리금 계약에 따라 임차인이 주선한 신규임차인이 되려는 자로부터 권리금을 지급받는 것을 방해하여서는 안 된다.

ⓐ 신규임차인이 되려는 자에게 권리금을 요구하거나 권리금을 수수하는 행위

ⓑ 신규임차인이 되려는 자로 하여금 임차인에게 권리금을 지급하지 못하게 하는 행위

ⓒ 신규임차인이 되려는 자에게 현저히 고액의 차임과 보증금을 요구하는 행위

ⓓ 그 밖에 정당한 사유 없이 임대인이 신규임차인이 되려는 자와 임대차계약의 체결을 거절하는 행위

ⓑ 갱신요구 거절사유가 있는 경우에는 위 규정으로 권리금 회수기회를 보장받지 못한다.

② 임대차계약의 체결을 거절할 수 있는 정당한 사유

    ⊙ 신규임차인이 되려는 자가 보증금 또는 차임을 지급할 자력이 없는 경우

    ⓒ 신규임차인이 되려는 자가 임차인으로서의 의무를 위반할 우려가 있거나 그 밖에 임대차를 유지하기 어려운 상당한 사유가 있는 경우

    ⓒ 임대차목적물인 상가건물을 1년 6개월 이상 영리목적으로 사용하지 아니한 경우

    ⓔ 임대인이 선택한 신규임차인이 임차인과 권리금계약을 체결하고 그 권리금을 지급한 경우

③ 임대인의 손해배상책임

    ⊙ 임대인이 권리금 회수기회를 방해하여 임차인에게 손해를 발생하게 한 때에는 그 손해를 배상할 책임이 있다.

    ⓒ 이 경우 그 손해배상액은 신규임차인이 임차인에게 지급하기로 한 권리금과 임대차 종료 당시의 권리금 중 낮은 금액을 넘지 못한다.

    ⓒ 임대인에게 손해배상을 청구할 권리는 임대차가 종료한 날부터 3년 이내에 행사하지 아니하면 시효의 완성으로 소멸한다.

POINT 54 가등기담보 등에 관한 법률

01 적용요건

① 소비대차에 의한 채권

    ⊙ 가등기담보 등에 관한 법률은 소비대차에 의하여 발생한 채권을 담보하기 위한 가등기 또는 소유권이전등기에 관하여 적용된다.

    ⓒ 매매대금채권, 공사대금채권, 물품대금의 반환채무에는 가등기담보법이 적용되지 않는다.

② 예약 당시 목적물의 가액 > 피담보채권액

    ⊙ 예약 당시 목적물의 가액이 차용액과 이에 붙인 이자를 합산한 액수를 초과하는 경우에 적용된다.

    ⓒ 예약 당시 목적물에 선순위근저당이 설정되어 있는 경우에는 목적물의 가액에서 피담보채무액을 공제한 나머지 가액이 차용액 및 이에 붙인 이자의 합산액을 초과하는 경우에만 적용된다.

③ 가등기나 소유권이전등기를 경료한 경우에 한하여 적용된다. 가등기를 경료한 경우는 가등기담보, 소유권이전등기를 경료한 경우는 양도담보에 해당한다.

02 담보권의 성질

① 담보물권성

　ⓐ 가등기담보권, 양도담보권도 담보물권이며 통유성이 인정된다 [부종성(수반성), 불가분성, 물상대위성].

　ⓑ 가등기가 담보를 목적으로 한 것인지 청구권 보전을 목적으로 한 것이지는 등기부상 표시로는 구별할 수 없다. 당사자의 합의에 따라 결정되는 것이다.

② **사용 · 수익권**: 청산절차를 마치기 전까지는 목적물의 소유권이 담보권설정자에게 있으므로, 목적물에 대한 사용 · 수익, 과실수취도 담보권설정자가 한다.

03 귀속청산에 의한 실행

① 1단계 - 담보권 실행통지

　ⓐ **청산금 평가액**: 청산금의 평가액은 목적물의 평가액에서 담보권자의 채권액을 뺀 금액이다. 이 경우, 목적물에 선순위담보권이 있을 때에는 그 채권액을 포함시켜야 한다.

　ⓑ **통지의 상대방**: 채무자, 물상보증인, 담보가등기 후 소유권을 취득한 제3자

　ⓒ **주관적 평가**: 채권자가 나름대로 평가한 청산금의 액수가 객관적인 청산금의 평가액에 미치지 못한 경우에도 담보권실행의 통지로서의 효력이 있다.

　ⓓ **통지의 구속력**: 채권자는 그가 통지한 청산금의 금액에 관하여 다툴 수 없다.

　ⓔ 청산금이 없는 경우에도 그 뜻을 통지해야 한다.

② **2단계** - 청산기간의 경과

    ㉠ 채권자가 담보권을 실행하여 목적물의 소유권을 취득하기 위해서는 실행통지가 채무자 등에게 도달한 날부터 2개월이 지나야 한다.

    ㉡ 후순위권리자 보호

        • 채권자가 청산기간이 경과하기 전 후순위권리자에게 통지하지 않고, 채무자에게 청산금을 지급한 경우에는 이로써 후순위권리자에게 대항할 수 없다(대판 2002.12.10, 2002다42001).

        • 청산금이 낮게 평가되어 불만인 후순위권리자는 변제기 도래 전이라도 청산기간 내에 경매를 청구할 수 있다.

③ **3단계** - 청산금지급, **4단계** - 본등기

    ㉠ 채권자의 청산금지급의무와 채무자의 본등기 및 인도의무는 동시이행관계이다.

    ㉡ 따라서, 채무자는 채권자에게 정당하게 평가된 청산금을 지급받을 때까지 부동산의 소유권이전등기 및 인도채무의 이행을 거절할 수 있다.

    ㉢ 채무자의 변제와 채권자의 가등기담보권등기말소의무는 동시이행관계가 아니다. 변제가 선이행이다.

    ㉣ 청산절차를 거치지 않으면 본등기를 하더라도 무효이다. 그러나 그 후 청산절차를 마치게 되면 유효한 등기가 될 수 있다.

04 채무자의 말소등기청구권

① 채무자는 청산금채권을 변제받을 때까지 그 채무액을 채권자에게 지급하고 담보목적으로 마친 가등기나 소유권이전등기의 말소를 청구할 수 있다.

② 다만, 그 채무의 변제기가 지난 때부터 10년이 지나거나 선의의 제3자가 소유권을 취득한 경우에는 소유권이전등기의 말소를 청구할 수 없다.

05 경매에 의한 실행

① **선택적 행사:** 가등기담보권자는 그 선택에 따라 귀속청산을 하거나 담보목적 부동산의 경매를 청구할 수 있다. 이 경우 경매에 관하여는 가등기담보권을 저당권으로 본다.

② **본등기 청구제한:** 가등기담보를 마친 부동산에 대하여 강제경매 등의 개시결정이 있는 경우에 그 경매의 신청이 청산금을 지급하기 전에 행하여진 경우, 가등기담보권자는 그 가등기에 따른 본등기를 청구할 수 없다.

POINT 55 부동산 실권리자명의 등기에 관한 법률

01 적용범위

① 부동산 실권리자명의 등기에 관한 법률의 명의신탁에 해당하지 않는 경우
- 가등기담보권, 양도담보권
- 구분소유적 공유관계(상호명의신탁)
- 신탁법상 신탁

② 종중, 배우자, 종교단체에 대한 특례(유효인 경우)
다음 어느 하나에 해당하는 경우로서 조세포탈, 강제집행의 면탈 또는 법령상 제한의 회피를 목적으로 하지 않는 경우에는 명의신탁을 유효로 한다.
- 종중이 보유한 부동산을 종중 외의 자의 명의로 등기한 경우
- **배우자** **명의로 부동산에 관한 등기를 한 경우**: 법률상의 배우자를 의미하고, 사실상의 배우자는 포함하지 않는다.
- 종교단체의 명의로 그 산하 조직이 보유한 부동산에 관한 물권을 등기한 경우

<u>02</u> 명의신탁이 유효인 경우의 법률관계

① 대내적으로는 신탁자가 소유자이다.

② 대외적으로는 수탁자가 완전한 소유자이다.

③ 제3자는 선의·악의를 불문하고 소유권을 취득한다.

④ 명의신탁재산을 제3자가 침해하는 경우 물권적 청구권자는 수탁자이다. 신탁자는 수탁자를 대위하여 수탁자의 권리를 행사할 수 있을 뿐이다.

⑤ 신탁자는 수탁자에 대해서 명의신탁해지를 원인으로 말소등기를 청구할 수 있다.

<u>03</u> 명의신탁이 무효인 경우의 법률관계

① 대내·대외를 구분할 필요 없이 신탁자가 소유자이다.

② 제3자는 선의·악의를 불문하고 소유권을 취득한다.

③ 명의신탁재산을 제3자가 침해하는 경우 물권적 청구권자는 신탁자이다.

④ 신탁자는 수탁자에 대해서 명의신탁해지를 원인으로 말소등기를 청구할 수 없다.

⑤ 이 경우, 소유권에 기한 방해배제청구권을 행사하여 수탁자 명의의 등기말소를 청구하거나 진정명의회복을 원인으로 하는 소유권이전등기를 청구할 수 있다.

04 3자간 명의신탁(중간생략형 명의신탁)

① 신탁자가 매수인으로서 매도인과 매매계약을 체결한 후, 그 등기를 신탁자가 아닌 수탁자의 명의로 하는 경우이다.

② 명의신탁약정 및 수탁자 명의의 등기도 모두 무효
  • 소유권은 매도인에게 그대로 남아 있게 되므로 매도인은 수탁자에게 등기말소를 청구할 수 있다.
  • 수탁자가 자진해서 신탁자에게 소유권이전등기를 해 주면 실체관계에 부합하므로 유효이다.

③ 매도인과 신탁자 사이의 매매계약은 유효
  • 매도인은 여전히 신탁자에 대해 소유권이전의무를 부담한다.
  • 신탁자는 매도인에 대하여 매매대금의 반환을 청구할 수는 없다.
  • 신탁자가 부동산을 자기 이름으로 등기하기 위해서는 매도인을 대위하여 무효인 수탁자 명의의 등기를 말소한 후, 매매계약에 기한 소유권이전등기를 하여야 한다.

05 계약명의신탁(위임형 명의신탁)

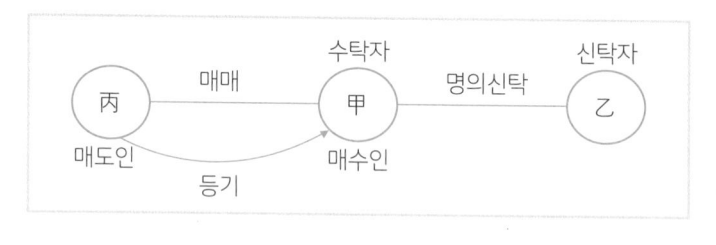

① 신탁자가 자금을 제공하여 수탁자가 매수인이 되어 매도인과 매매계약을 체결하고, 등기도 매도인으로부터 직접 수탁자 앞으로 경료 됨으로써 신탁자는 거래관계에 나타나지 않는 경우이다.

② 매도인이 명의신탁약정에 관하여 선의인 경우에는 수탁자 명의의 등기는 유효로 된다. 따라서, 수탁자가 반사적으로 소유권을 취득한다.

③ 명의신탁약정은 무효이므로 신탁자는 수탁자에게 매수대금의 부당이득반환을 청구할 수 있다.

④ 매도인이 명의신탁약정에 관하여 악의인 경우에는 수탁자 명의의 등기는 무효로 된다. 따라서 매도인은 수탁자 명의의 등기말소를 청구할 수 있다.

⑤ 경매의 경우에는 매도인의 선의·악의와 관계없이 수탁자로의 소유권이전등기는 유효이다.

MEMO

MEMO

MEMO

차민혁 교수

약력
해커스 공인중개사 민법 및 민사특별법 강사

해커스 공인중개사 포인트 한손 쏙! 노트

1차 민법 및 민사특별법

초판 2쇄 발행	2022년 9월 5일

초판 1쇄 발행	2022년 7월 15일
지은이	차민혁, 해커스 공인중개사시험 연구소
펴낸곳	해커스패스
펴낸이	해커스 공인중개사 출판팀

주소	서울시 강남구 강남대로 428 해커스 공인중개사
고객센터	1588-2332
교재 관련 문의	land@pass.com
	해커스 공인중개사 사이트(land.Hackers.com) 1:1 무료상담
	카카오톡 플러스 친구 [해커스 공인중개사]
학원/동영상강의	land.Hackers.com

ISBN	979-11-6880-514-9(10360)
Serial Number	01-02-01

공인중개사 시험 전문,
해커스 공인중개사 land.Hackers.com

ᄁᄁ 해커스 공인중개사

- 해커스 공인중개사학원 및 인터넷강의
- 해커스 공인중개사 온라인 전국 실전모의고사
- 해커스 공인중개사 무료 학습자료 및 필수 학습정보 제공